어떻게 어른이 되는가

어떻게 어른이 되는가

너와 나의 인간다움을 지키는
최소한의 삶의 덕목

엄성우 지음

추수밭

한 그루의 나무가 모여 푸른 숲을 이루듯이
청림의 책들은 삶을 풍요롭게 합니다.

나다움을 잃지 않고 어른답게 산다는 것

'어른'이란 단순히 나이를 먹는다고 되는 것이 아닙니다. 나이란 가치를 담는 그릇이지 그 가치 자체는 아니니까요. 나이는 성숙함의 정도가 아닌 성숙할 수 있었던 기회의 수를 나타냅니다. 하지만 기회는 머물다 갈 뿐 누적되지 않지요. 살아온 세월에 걸맞게 성숙한 사람을 우리는 진짜 어른이라고 합니다. '어른'이란 한마디로 '잘 익은 사람'을 말한다고 할 수 있습니다. 그런 어른이 되려면 자신의 인격과 지혜가 과연 살아온 세월을 잘 따라잡아 왔는지 되돌아보는 태도가 필요합니다.

나무의 수령을 셀 때 우리는 나이테를 봅니다. 하지만 나이테 사이에 있는 그 경험의 흔적을 함께 담아내지는 못하지요. 영양이 많고 햇빛이 잘 비친 해에는 더 많이 성장하지만, 가뭄이 들거나 유난히 추운 해에는 얇고 단단한 흔적이 남겨집니다. 우리 인간도 마찬가지인 것 같습니다. 나이는 태어나 살아온 해의 수로 정해지지만, 나이라는 그릇이 담은 경험과 의미에는 저마다 큰 차이가 있습니다. 시간이 지나면 인생의 나이테가 한 줄 늘어나겠지만, 그 사이를 무엇으로 채워 어떤 어른이 되어가는지는 우리 자신에게 달려 있습니다.

이 책은 어른다운 삶에 대한 저의 고민이 자라 맺은 열매입니다. 처음에는 그저 개인적으로 좋은 사람이 되어 더 나은 삶을 살고 싶다는 소박한 마음에서 시작되었습니다. 삶이 언제나 뜻대로 흘러가지는 않았고 개인적인 고민들과 관계의 어려움은 끊임없이 저를 흔들었습니다. 그렇게 시작된 '좋은 삶'에 대한 고민, 그리고 이어진 인간에 대한 철학적 반성은 점차 제 삶의 방향을 잡아주는 길잡이가 되어주었습니다. 그러던 어느 날, 문득 이런 생각이 스쳤습니다. '더 나은 삶을 살려는 고민은 나만의 것이 아니라 더 나은 어른이 되기를 바라는 모든 사람들에게도 적용되는 것이 아닐까? 그렇다면 나의 고민의 결과가 다른 사람들에게도 작은 도움이 될 수 있지 않을까?' 그렇게 저는 윤리학의 바다에 뛰어들었습니다.

'자존감이 높으면서도 겸손할 수는 없는 걸까?' '나를 괴롭혀서 강하게 만들어준 사람에게도 감사해야 하나?' '부모답지 못한 부모에게도 효도를 해야 할까?' '누군가를 신뢰한다는 것은 너무 위험한 일 아닐까?' '정직한 사람도 해야 하는 거짓말이 있을까?' 이런 의문들이 꼬리에 꼬리를 물었고 정신을 차려보니 저는 어느새 '인간답게' 살아가는 데 필요한 덕목들의 본질과 가치를 탐구하는 윤리학자가 되어 있었습니다.

몽테뉴는 "세계에서 가장 위대한 것은 나답게 되는 법을 아는 것"이라고 말하였습니다. 윤리란 '나다움과 인간다움을 이어주는 다리'와도 같습니다. 나만의 고유한 개성을 가진 삶을 다듬어 '나다운 인간다움'으로 완성되도록 도와주는 것. 그것이 윤리가 우리에게 해줄 수 있는 가장 중요한 일이라고 생각합니다. 윤리가 바람직한 삶을 사는 길에 관한 것이라면 자신만의 길잡이를 가슴에 품고 살아가야 할 것입니다. 즉 '남들의 삶에서 귀납하기보다 자신의 가슴에서 연역하는 삶'을 살아갈 수 있어야 합니다. 그것을 돕는 것이 바로 윤리학의 역할이지요.

사실 겸손이나 정직처럼 우리에게 친숙한 덕목 개념을 철학적으로 깊이 연구할 필요가 있을지 의문이 들 수 있습니다. "도둑질도 거짓말도 누가 나쁜 줄 몰라서 하나?" 이렇게 반문하는 분들도 있겠지요. 우리가 윤리적으로 살지 못하는 건 좋은 길과 나쁜 길을 몰라서가 아니라 좋은 삶을 실천할 의지가 부족할 뿐이라고 생각할 수도 있습니다. 하지만 좋은 길이 어떤 길인지 아는 것은 쉬운 일이 아닙니다. 아무리 친숙한 덕목이라고 해도 그것이 '무엇'인지를 제대로 알지 못한다면 그런 덕목을 기르고 발휘해 나갈 방향성을 잡기가 어려울 테니까요. 우선 목적지를 알아야 그곳으로 가는 길을 알 수 있을 것입니다. 그리고 그런 덕목이

'왜' 가치가 있는 것인지를 아는 것도 매우 중요합니다. 그 덕목이 갖는 가치에 대해서 납득을 하지 못한다면 그런 덕목들을 기르고 발휘할 마음이 들지 않을 테니까요.

그렇다면 이제 우리는 윤리에 대해 함께 고민해볼 이유를 알게 된 것 같습니다. 어떻게 해야 인간답게 사는 어른, 어른답게 사는 인간이 될 수 있을까요? 착하게, 바르게 사는 것은 반드시 손해가 될까요? '즐거운 삶'과 '바른 삶'이라는 두 마리 토끼를 잡을 수 있을까요? 어떻게 하면 '나다움'을 잃지 않고도 '어른다움'을 유지할 수 있을까요? 이런 질문들에 답하기 위해 이 책에서는 우리가 인간답게 살기 위해 반드시 갖춰야 할 겸손, 감사, 효, 신뢰, 정직의 다섯 가지 덕목들에 대해 이야기하고자 합니다. 후회 없이 살아가기 위해서는 어떤 것이 가치 있는 삶인지, 그런 삶을 살기 위해서는 무얼 배우고 어떻게 살아야 하는지 끊임없이 생각해보아야 합니다. 단번에 성숙한 어른이 될 수는 없더라도 조금씩 마음속 어린 티를 벗어나려고 노력할 수는 있을 것입니다. 그것이 바로 어른이 되어 인간'답게' 산다는 것의 의미가 아닐까요?

이 책은 진정한 의미에서 '어른'이 된다는 것에 대해 함께 생각해볼 것을 권하며 여러분께 보내는 초대장입니다. 친숙하지만 생각할수록 낯설어지는 덕목들을 함께 탐구해봄으로써 이 책을 읽는 독자 여러분들의 삶이 조금 더 '어른다운 삶'에 가까워질 수 있는 작은 계기가 되기를 바랍니다. 그렇게만 된다면 윤리에 대한 고민을 인생의 업으로 삼는 저로서는 더할 나위 없는 기쁨이 될 것입니다.

2025년 6월
엄성우

차례

1장

겸손
자신 있게 고개 숙일 수 있는 마음

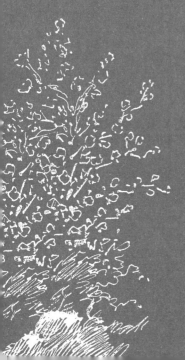

나는 내가 아무것도
모른다는 것을 안다.

_소크라테스

"역시 내가 제일 겸손해!" 이런 말을 하는 사람을 겸손하다고 할 수 있을까요? 아무리 자신을 잘 아는 사람이라 해도 이런 말은 오히려 오만함을 보여주는 것 같습니다. 반대로 넙죽 엎드려서 "저는 버러지보다 못한 존재로 하늘 같은 당신의 발끝에도 미치지 못합니다!"라고 말하는 사람을 겸손하다고 할 수 있을까요? 자기를 낮추는 것이 겸손의 척도라고는 하지만 이런 태도는 오히려 '자기 비하'에 가깝습니다. 어떤 사람은 겸손하면 자존감이 낮아지는 건 아닐까 걱정하고, 또 어떤 사람은 겸손은 사회에서 미움을 받지 않기 위한 소통의 기술에 불과한 것이라고 말하기도 합니다.

　우리는 어릴 적부터 항상 겸손해야 한다고 배웠습니다. 하지만 겸손의 진짜 의미를 가르쳐주는 사람은 많지 않은 것 같습니다. 겸손하기란 참 어렵습니다. 잘난 척하고 과시하고 싶은 욕구를 억누르기 어렵기 때문이기도 하지만, 겸손이란 무엇이고 왜 겸손해야 하는지 제대로 알기가 쉽지 않기 때문이기도 합니다. 이 장에서는 우리에게 필요한 윤리적 덕목으로서 겸손의 가치는 어디에 있는지, 또 겸손이라는 덕목을 기르려면 어떤 마음을 가져야 하는지에 대해서 살펴보도록 하겠습니다.

겸손이란 무엇일까?

고대 그리스 철학자 아리스토텔레스는 사람들이 가지고 있는 통념을 관찰하며 철학적 분석을 시작했습니다. 우리도 사람들이 평상시에 어떤 사람을 겸손하다고 말하는지, 겸손이라는 말을 어떤 경우에 쓰는지 먼저 생각해보지요.

우리가 생각하는 겸손한 사람은 스스로를 낮추려 하고 다른 사람에게 칭찬받을 때도 쉽게 우쭐하지 않습니다. 또한 다른 사람을 깔보지 않지요. "남들보다 내가 훨씬 나은 사람이다", "저 사람들은 나보다 못하다"와 같은 태도를 갖지 않고 남들에게 자신을 자랑하는 일도 웬만하면 삼가지요. 또 자랑까지는 아니라 해도 자신이 가진 탁월함에 대해 "난 역시 최고야!", "나는 왜 이렇게 훌륭할까?"라며 자만하지 않습니다. 마지막으로 훌륭한 상을 받을 때에도 자신의 수고와 업적을 내세우기보다 다른 사람이나 운에 공을 돌림으로써 자신을 과시하지 않습니다. 이런 성향의 사람에게 우리는 '겸손하다'고 말합니다. 그런데 이렇게 겸손한 사람의 다양한 속성을 아우르는 핵심을 찾는 건 또 다른 문제입니다.

○ 자신의 가치를
알맞게 가늠한다

'겸손'을 한마디로 정의하는 것은 가능하지도, 바람직하지도 않을지 모릅니다. 그래도 그 특징을 하나씩 살피다 보면 실마리가 조금씩 풀리겠지요. 우선 겸손은 우리가 신도 아니고 짐승도 아니기에 성립하는 덕목입니다. 모든 면에서 완벽한 존재가 아니기에 신과 다르고, 그런 불완전성을 스스로 인지할 수 있기에 다른 동물과 구분되지요. 우리가 이 세상 무엇보다 우월하고 모든 면에서 완벽한 존재였다면 겸손이 덕목으로서 필요하지 않을 것입니다. 또 반대로 개나 고양이처럼 스스로에 대해 인식하고 평가할 수 없다면 겸손이 불가능할 것입니다. 하지만 우리는 많은 면에서 불완전하고 그 사실을 때때로 인지할 수 있기 때문에 겸손해야 할 필요도, 겸손할 수 있는 능력도 갖추고 있는 것이지요. 자신이 부족한 점이 있고 틀릴 수 있고 실수할 수도 있는 연약한 존재라는 점이 '겸손의 조건'을 만족시켜주는 것입니다.

그렇다면 겸손은 무엇일까요? 겸손의 핵심은 '다른 이와의 관계에 비추어본 자신의 가치를 알맞게 가늠하는 태도'라고 할 수 있습니다. 우선 **자기 것**이라고 생각하는 무언가에 대한 태도만 겸손에 해당된다고 할 수 있습니다. 남의 외모나 능력에 대한 평가는 겸손과 관련이 없으니까요. 그런데 여기서 **알맞게 가늠하는 태도**란 '나의 팔 길이는 몇 센티미터다'와 같은 객관적 사실이 아니라 '나는 예쁘다', '나는 똑똑하다'와 같이 좋고 나쁨을 표현하는 가치 평가와 관련되어 있습니다.

자신에 대한 가치를 알맞게 가늠하는 태도를 지녀야 겸손해질 수 있는데, 여기서 '알맞다'는 말을 제대로 이해하는 게 중요합니다. 알맞게 가늠하는 데에는 자신의 가치가 근본적으로 남보다 뛰어나다고 생각하지 않는 태도가 가장 중요합니다. 그래서 자기가 폭넓은 지식, 탁월한 운동 능력, 뛰어난 외모 등 여러 가지 면에서 우월하다고 해도 그 때문에 '나의 가치가 남들의 가치보다 높아', '나 정도면 남을 깔봐도 돼', '나는 특별하니까 사람들이 더 우러러봐야 해' 등의 자세를 갖지 않는 것이 알맞게 가늠하는 태도의 핵심이라 할 수 있습니다.

왜 겸손해야 할까?

지금부터는 우리가 겸손해야 하는 이유에 대해 이야기해봅시다. "벼는 익을수록 고개를 숙인다." 익숙한 속담이지요. 그런데 이런 의문이 들었던 적은 없나요? '왜 익을수록 고개를 숙여? 사람이 잘나면 고개를 당당하게 들고 다녀도 되는 것 아닐까?' 솔직히 저는 속으로 그런 질문을 던져봤습니다. 이같이 겸손의 이유에 의문을 품어본 분들을 위해 겸손이 어떤 점에서 가치가 있는지 이야기해보려 합니다.

◦ 남을 불쾌하게 하지 않고
자신도 미움받지 않는다

우선 겸손한 태도는 남과 더불어 살아가는 데에 가치 있는 자산이 되어줍니다. 겸손하지 못한 사람을 보면 불쾌감이 들고 그 사람을 시기하고 질투하고 미워하기 쉽습니다. 잘난 척하고 남을 깔보고 자랑을 일삼는 사람과 같은 직장에 근무한다고 상상해보세요. 그 사람을 아주 좋아하거나 평생 함께 일하고 싶거나 지지해주고 싶은 마음이 샘솟지는 않을 것입니다. 부와 명예를 거머쥔, 이른바 '성공한' 사람들이 명품으로 치장하고 인터뷰에서 남들을 깔보고 자신을 높이는 말을 한다면, 그런 거만한 태도에 불편함을 느끼기도 할 겁니다. 반대로 겸손한 사람을 보면 호감을 느끼고 편안한 기분이 들고 나아가 존경하는 마음까지 갖게 됩니다. "절하고 뺨 맞는 일 없다"는 속담이 말해주듯 겸손한 사람이 미움받는 일은 흔치 않습니다. 그런 의미에서 겸손한 태도는 사회적인 적응 및 성장에 좋은 도구로서 가치가 있다고 볼 수 있습니다.

○ 스스로를
객관적으로 볼 수 있다

두 번째로 겸손은 우리를 객관적으로 파악하게 해줍니다. 많은 사람은 스스로에 대해 실제보다 더 좋게 평가하고 싶어 하는 경향이 있습니다. 자신의 약점은 회피하고 비판보다는 칭찬을 더 듣고 싶어 하는 경우가 많지요. 그런데 겸손을 통해 자신을 높이고자 하는 성향을 통제할 수 있다면, 자신을 객관적으로 파악하는 데로 한 걸음 나아간 셈이지요. 역사 속에서 '폭군'이라 불리던 왕들은 겸손하지 못한 경우가 많았는데, 충신들의 쓴소리는 듣기 싫어하고 간신들의 달콤한 아부만 믿게 되어 자신의 문제를 제대로 알지 못했지요. 만약 겸손한 태도를 지녔다면, 아부와 충언을 구분해 스스로를 객관적으로 평가할 수 있었을 것입니다. "겸손이 없는 권력은 위험하다"는 속담 또한 이런 의미를 담고 있는 게 아닐까요?

자기와 거리를 두고 스스로를 객관적으로 파악하기란 쉬운 일이 아닙니다. 녹음된 자기 목소리를 들었을 때 낯설고 이상했던 경험이 있을 거예요. 이와 비슷하게 내가 보는 나의 모습은 묘하게 왜곡되어 객관적으로 자신을 파악하기 어렵게 합니다. 하지만 겸손한 태도는 쓸데없는 허영이나 착각에서 벗어나 스스로를 더 잘 알게 해준다는 점에서 도움이 됩니다.

◦ 자기 평가에 연연하지 않고 진정으로 중요한 것을 추구한다

마지막으로 겸손은 다른 덕목이 요구하는 바를 더 잘 해낼 수 있도록 도와줍니다. 이런 점은 겸손이 윤리적 덕목으로서 지닌 가치를 충분히 보여줍니다. 우리는 우쭐하고 싶어 하고 남들의 칭찬을 갈망하고 남들보다 더 우월한 사람이 되고 싶어 하는 자기중심적 태도 때문에 진정으로 중요한 것을 놓치는 경우가 많아요. 겸손이 이런 자기중심적 성향을 잘 통제한다면, 자신보다 더 큰 것을 추구하고 실행할 수 있도록 도와줄 것입니다. 가령 남을 위해 헌신적으로 살아온 테레사 수녀를 생각해봅시다. 테레사 수녀가 겸손하지 않게 '역시 내가 사람들을 제일 많이 도운 최고의 수녀겠지?', '내가 남들을 힘들게 돕고 있는 걸 사람들도 알고 있는 걸까?', '사람들이 나의 희생에 대해 칭찬하지 않을까?'와 같은 생각을 했더라면 경쟁 관계에 있는 수녀를 견제하거나 자신의 헌신을 홍보하는 데 신경 쓰다가 정작 남을 돕는 일에는 소홀하게 되었을지 모릅니다.

　진리를 추구하는 데에도 겸손은 중요한 역할을 합니다. 학회에 가면 가끔 이름난 학자들이 '감히 내게?'라는 생각으로 자신에 대한 정당한 비판을 받아들이지 못하는 모습을 목격하고는 합니다. 거꾸로 학생들은 맞는 생각을 하면서도 '감히 내가?' 싶어 쉽게 발언하지 못하는 모습을 종종 보입니다. 하지만 진리를 향한 길을 걸을 때 자신의 지위 따위는 잊는 편이 좋습니다. 세계적인 석학이든 전공 분야에 막 입문한 학생이든 맞으면 맞고 틀리면 틀린 것이니까요. 진리 앞에서 모든 사람은 평등합니다. 석학도 명예에 심취되어 헛소리할 수 있고 학생도 순수한 열정에 이끌려 심오한 진리를 말할 수 있습니다. 그래서 임금님이 벌거벗고 있다는 진실을 처음 입 밖으로 꺼낸 사람이 편견 없는 작은 아이였다는 사실은 중요한 의미를 지닙니다. 그 아이는 자신을 너무 높이지도 낮추지도 않고 순수하게 자기가 맞다고 생각한 말을 한 것이지요.

　또한 겸손한 태도는 다른 사람에게서 많은 것을 배울 수 있게 합니다. 남들의 잘난 척에 민감하게 반응하지 않도록 도와주기 때문이지요. 남들과 비교하며 우월감을 느끼는 사람은 다른 사람들의 자랑이나 잘난 척에 예민하게 반응합니다. 그런 태도가 자신의 우월함에 대한 도전처럼 보이기 때문이지요. 오만한 태도가 아니더라도 다른 사람들이 잘난 모습을 보일 때에는 그것에서 무언가를 배우려 하기보다 견제하려는 마음이 앞서는 경우가 많습니다. 하지만 겸손한 사람은 남들과 자신을 비교하며 상대적 우월감을 느끼는 데 연연하지 않기 때문에 상대의 태도나 지위에 좌우되지 않고 배우려는 태도를 갖기가 상대적으로 쉽습니다.

남의 잘난 척을 견디지 못하면 배움을 얻기가 힘듭니다. 탁월한 능력을 갖췄는데 겸손의 미덕까지 갖춘 사람은 극히 드물기 때문에 더욱 그렇지요. 겸손한 사람을 찾을 때까지 귀한 배움을 미룰 수는 없으니 내성을 잘 키워야 합니다. 잘난 척을 배움을 얻기 위한 '세금' 정도로 여기고 받아넘기면 어떨까요? 나의 지적 발전에 기여했으니 어느 정도 잘난 척은 귀엽게 봐주고 오히려 고맙게 여기는 여유로운 태도를 가져보는 것입니다. 겸손한 사람은 그래서 잘났지만 겸손하지 못한 사람에게서도 많은 것을 배울 수 있습니다.

천재 바둑기사 이세돌 9단의 인터뷰에서도 그런 가치를 느낄 수 있었습니다. 2016년 이세돌이 알파고와 벌였던 세기의 바둑 대결, 기억하나요? 그때 이세돌은 유일하게 승리한 대국에서 '신의 한 수'로 불리던 '78수'에 대한 기자의 찬사 섞인 질문에 대해 이렇게 말합니다. "그것은 어쩔 수 없이 둔 수였습니다."

이세돌이 자신의 탁월함에 집중하고 있었다면 "저는 인간계 최강이니까요" 또는 "저 같은 천재한테 그 정도야 별거 아니지요"라고 말했을지 모릅니다. 그의 대답은 자신의 천재성이 갖는 우연성을 '바둑의 신'이 부여하는 필연성으로 돌리는, 가식 없는 겸손의 한 사례를 보여줍니다. 자신의 실력 자체에 집중하지 않고 당시의 국면 상황이 제시하는 필연성에 따라서 둔 수였다는 말에서 이세돌의 탁월함과 겸손함이 드러나는 것이지요. 자신을 너무 의식하지 않는 태도는 이렇듯 자신이 하는 중요한 일을 제대로 수행하는 데 도움이 됩니다. 겸손이라는 덕목을 지니면 다른 덕목들이 요구하는 중요한 일을 실행하는 데 도움을 받을 수가 있는 것이지요.

요컨대 겸손하지 않으면 결국 자기에게도 손해가 됩니다. 거만한 태도 때문에 다른 사람들이 좋아하거나 존경하거나 도와주려 하지 않고, 거짓을 품고 있더라도 자기가 잘 안다고 믿어 진실을 얻기 힘듭니다. 이미 잘났다고 생각해서 발전해나갈 동기를 유지하기가 힘들고, 무엇보다 남에게 진심으로 사랑받기가 어렵습니다. 자기가 대단한 사람이라는 생각으로 살면 자기만 피곤해집니다. '나같이 대단한 사람에게 겨우 이 정도야?'라는 생각 때문에 모든 대접이 부족하게 느껴져 언제나 불만으로 가득 차 있을 테니까요. 겸손에는 돈도 들지 않고 겸손하다고 잃을 것도 없습니다. 그러니 겸손만큼 쉽고 안전한 덕목도 없지요. 겸손한 태도로 살면 스스로 헛된 기대 때문에 자존심 상할 일도 없고 주위 사람들도 다들 좋아해줄 것입니다.

겸손은 예의나 친절함과 어떻게 다를까?

○ 겸손은
예의와 다르다

이번에는 겸손과 예의의 관계에 대해 이야기해보겠습니다. 많은 사람이 겸손한 사람은 예의 바른 사람이고 예의 바른 사람은 곧 겸손한 사람이라고 생각합니다. 예의 바른 사람은 인사도 잘하고 고개도 잘 숙이다 보니, 우리는 그런 사람에게서 겸손하다는 인상을 받게 되지요. 그래서 예의 바른 사람은 "저는 별거 아닙니다. 저보다 뛰어난 사람들이 많습니다" 등의 '겸손한' 말도 곧잘 하지요. 그런데 그런 사람이 속으로는 '사실은 내가 최고지. 너 따위보다 내가 훨씬 나아!' 같은 태도를 지녔다면, 겸손하다고 하기 어려울 것입니다.

이런 것은 '거짓 겸손'이라고 할 수 있습니다. 가짜 보석은 보석이 아니듯 겉으로만 겸손을 가장하는 거짓 겸손 역시 겸손과는 거리가 먼 태도입니다. 그렇게 겉과 속이 다르면 오히려 겉으로 잘난 척하는 사람보다 더 가식적이고 위선적이라 여겨지고는 하지요. 이런 사람은 겸손하다는 말보다 겸손을 '떤다'는 말이 어울릴 것입니다. 그런데 이렇게 겉과 속이 다른 사람들을 실제로 찾아내기란 쉽지 않습니다. '열 길 물속은 알아도 한 길 사람 속은 모른다'고들 하니까요. 하지만 겉으로만 예의 바른 사람들의 거짓 겸손이 공공연하게 드러나는 경우가 실제로 종종 있고, 그럴 때 '겸손하다'는 기존의 평판은 달라지기도 합니다.

◦ 겸손은
친절과 다르다

상대를 위한 친절한 마음이 진짜라고 해서 반드시 겸손하다고 볼 수도 없습니다. 겸손한 사람이 친절하고 친절한 사람이 겸손한 경우가 많지만 항상 그런 것은 아니거든요. 예를 들어 육상계의 전설 우사인 볼트가 다음과 같은 마음으로 동료 선수들을 대한다고 상상해봅시다. '나는 정말 잘났어. 그런데 내 금메달을 보여주고 자랑을 하면 저 못난 친구들이 너무 자괴감을 갖고 상처받을 것 같아. 그러니까 잘난 내가 참고 자랑하지 말아야지!' 이런 경우 물론 친구들이 상처받지 않기를 바라는 마음만큼은 진짜이고 상대를 위하는 진심 어린 태도라고 해도, 자신이 다른 선수들보다 훨씬 위대하다고 여기는 태도만큼은 겸손하다고 하기 어려울 것입니다. 따라서 친절한 사람이 반드시 겸손한 건 아니라고 볼 수 있습니다.

마음의 겸손과
행동의 겸손

그렇다면 이쯤에서 마음의 겸손과 행동의 겸손은 어떤 관계가 있는지 알아보겠습니다. 이 두 가지 측면을 '내적 겸손'과 '외적 겸손'으로 살펴볼 수 있습니다. 내적 겸손은 남보다 자신이 더 가치 있다고 여기지 않는 태도를 말합니다. 그런데 이것만 가지고는 충분하지 않습니다. 속으로는 아무리 겸손한 태도를 지녔다 해도 언행이 오만하다는 오해를 산다면 그것도 문제가 될 테니까요. 그렇기 때문에 외적·사회적으로도 자신을 높인다거나 남을 깔보지 않는 인상을 주는 사회적 소통 기술이 중요하지요. 그래서 이 두 가지가 함께 있어야 진정한 겸손을 갖추었다고 할 수 있는 것입니다.

요약하자면 진정한 겸손은 내적 겸손과 외적 겸손을 모두 갖추는 것입니다. 즉 겉으로만 예의 바르게 겸양을 '떠는' 행동과 말을 하는 것뿐만 아니라, 마음으로도 상대를 존중하고 자신을 낮출 수 있어야 겸손한 사람이라고 할 수 있는 것이지요. 겸양의 언행이 진정으로 마음에서 우러나왔을 때, 그때야말로 겸손이 예의를 통해 드러난다고 할 수 있습니다.

겸손한 사람은 자신에 대해 잘 알까?

◦ 자신의 탁월함을 알고도 겸손할 수 있는가?

앞서 우리가 스스로에 대해 실제보다 더 좋게 평가하고 싶어 하는 경향이 있기 때문에 겸손한 사람은 객관적으로 자기 평가를 하는 데 도움이 된다고 말했습니다. 그런데 문제는 자신이 실제로 너무나 뛰어나고 잘난 사람인 경우입니다. 그런 사람이 객관적으로 과대평가 없이 자신을 인식했을 때 겸손해 보이지 않는다는 문제가 있습니다. 예를 들어 아인슈타인이 "나는 역사상 최고의 과학자이다"라고 말하는 것처럼 말이지요.

그런데 그저 잘났을 뿐이고 어쩌다 그 사실을 알게 되었을 뿐인데, 그 이유 때문에 겸손한 사람이 되지 못한다고 하면 좀 억울할 것 같습니다. 그렇다면 겸손은 자기의 탁월함을 인식하는지에 달린 것이 아니라, 탁월성과 자기 가치의 **관계**를 보는 태도에 달렸다고 생각할 수 있지 않을까요? 아인슈타인이 이렇게 말했다고 해봅시다. "여러 증거에 비추어볼 때 내가 역사상 최고의 과학자라는 것은 사실 같다. 하지만 그 사실이 나를 다른 사람보다 더 가치 있고 우러러봐야 하는 존재로 만들지는 않는다." 이런 태도라면 자신의 탁월성을 안다고 해서 겸손하지 못한 사람이라고 볼 필요는 없을 것 같습니다.

오히려 자신의 탁월함을 제대로 알지 못할 때 생기는 문제도 있습니다. 가령 많은 부와 강력한 권력을 가진 사람이 '갑'으로서의 지위와 영향력을 의식하지 못한다고 생각해봅시다. 그건 겸손이라기보다 오히려 무책임한 무지라고 보아야 할 것입니다. 자신이 가진 힘과 탁월함을 제대로 알아야 그것을 적절히 활용할 수 있고, 자신의 일거수일투족에 영향을 받을 사람이 누구인지 파악해서 그에 걸맞은 행동과 말을 할 수 있을 테니까요.

또한 너무나 잘난 사람은 사소한 말투, 심지어 존재 그 자체만으로도 누군가에게 상처를 줄 수 있음을 자각하고 살아야 할 것입니다. 예를 들어 책을 한번 훑어보기만 해도 다 이해하고 외울 수 있는 천재 학생이 "왜 그런 것도 못해? 그건 다들 당연하게 할 수 있는 것 아니야?"라고 말한다면 주변의 평범한 학생들은 자격지심과 질투에 휩싸일지도 모릅니다.

◦ "난 겸손해"라고 말하는 사람도 겸손할 수 있을까?

겸손한 사람의 자신에 대한 태도 중에 흥미롭고 역설적인 현상이 있습니다. 바로 지신의 겸손 자체에 대한 앎입니다. 어떤 사람이 남들 앞에서 "난 겸손하잖아!"라고 말하면 이상하게도 그 발언 자체가 스스로 겸손하지 못함을 보여주는 증거같이 보입니다. 누군가가 "너는 참 겸손하구나"라고 말했을 때는 자연스러워 보이지요. "나는 정직해", "나는 용감해" 같은 말을 했을 때에도 이상해 보이지 않는데, "나는 겸손해"라는 말은 스스로의 겸손을 알고 자랑하는 것 같아서 역설적인 느낌을 줍니다.

겸손한 사람도 자신의 겸손함을 알 수는 있습니다. 하지만 그걸 굳이 말로 드러내려고 하는 태도가 겸손을 의심하게 만드는 것이지요. 예를 들어 "너는 네가 겸손하다고 생각하니?"라는 질문을 받았을 때, "나는 생각해본 적 없긴 한데 그렇게 볼 수도 있을 것 같아! 그런데 그건 중요한 게 아니니까 우리 다른 얘기나 하자"라는 식으로 대답한다면 어떨까요? 객관적으로 봤을 때 자신이 겸손한 사람에 해당되는 것 같다는 판단을 하되, 그런 걸 생각해본 적 없을 만큼 거기에 연연하지 않고, 더 중요한 것으로 초점을 돌리는 태도를 지녔다면 단지 자신이 겸손하다는 것을 '안다'고 해서 문제가 되지는 않을 것입니다.

∘ "너 자신을 알라!"
소크라테스와 겸손

'겸손한 사람은 자신을 잘 알까?'라는 화두를 더 잘 이해하기 위해 "너 자신을 알라"라는 말로 유명한 철학자 소크라테스의 일화를 살펴봅시다. 소크라테스는 진리를 추구하기 위해 평생을 바친 학자입니다. 하루는 어떤 사람이 델피 신전에 올라가서

아테네에서 가장 지혜로운 사람이 누구인지 물었는데, 바로 '소크라테스'라는 답을 들었습니다. 그 말을 전해 들은 소크라테스는 깜짝 놀랐습니다. 자기는 정말로 아무것도 모른다고 생각했기에 배움을 얻기 위해 돌아다녔던 것이기 때문이지요.

소크라테스는 그 길로 아테네 시내에서 현명한 사람, 지혜로운 사람으로 알려진 정치가, 시인, 학자 등을 찾아가서 부탁합니다. "나는 아무것도 모르는데 신탁은 내가 가장 지혜롭다고 합니다. 훨씬 지혜로워 보이는 당신들이 내 질문에 답을 주십시오!"

그런데 그 사람들이 아는 척하며 하는 대답이 앞뒤가 맞지 않는 걸 보고 그들도 잘 모른다는 걸 알게 됩니다. 결국 소크라테스는 이런 결론에 도달하지요. '저 사람들은 자신이 모른다는 것조차 모르는데 난 적어도 모른다는 사실만큼은 아는구나. 그래서 내가 가장 지혜롭다고 했던 것이 아닐까?' 생각 끝에 그는 결국 자기가 아테네에서 가장 지혜롭다는 신탁의 말을 납득하게 됩니다.

그러면 '소크라테스는 이제 겸손할 수 없나?'라고 생각할 수도 있지만 꼭 그렇지는 않습니다. 물론 누가 굳이 물어본다면 "맞아요. 아무래도 제가 아테네에서 가장 지혜로운 사람인 것 같습니다"라고 대답할 수는 있겠지요. 하지만 소크라테스는 이후 "내가 얼마나 지혜로울까?", "내가 얼마나 우월할까?"에 초점을 맞춘 게 아니라 자기가 알고 싶은 진리를 추구하는 데 여생을 바쳤습니다. 어린아이든 노예든 상대를 가리지 않고 질문하고 배우려고 노력했지 진리 추구를 방해할 만큼 자신을 중심에 두고 우월감을 느끼려는 태도를 갖지는 않았습니다. 이런 점에서 소크라테스는 겸손하다고 볼 수 있지 않을까요?

겸손한 사람은 스스로를 어떻게 의식할까?

● 지나치게 자기를 의식하면
겸손하지 못할 수 있다

이번에는 겸손한 사람은 스스로를 어떻게 의식하는지 살펴보도록 하겠습니다. 겸손하지 못한 사람은 자신을 모든 생각의 중심에 두는 일종의 자의식 과잉 상태라고 볼 수 있어요. 무얼 하든 어떤 일을 접하든 자신이 어떤 위치에 있고 내가 어떻게 보이는지를 과도하게 의식하는 사람이라고 할 수 있지요. 그런데 겸손한 사람은 자신이 어느 위치에 있는지, 몇 등인지, 남들이 자신을 어떻게 생각하는지, 자신이 지금 이야기의 중심에 있는지 등에 크게 신경 쓰지 않습니다. 이 점과 관련해서 제가 가장 좋아하는 겸손에 관한 조언을 소개합니다.

겸손이란 자신을 하찮게 생각하는 것이 아니라 자신에 대해 너무 많은 생각을 하지 않는 것이다.

_C. S. 루이스

영국의 철학자이자 신학자인 C. S. 루이스가 한 말인데요. 처음 이 명언을 듣고는 머리를 얻어맞은 것 같았습니다. 사람들은 겸손을 자신을 낮추고 고개를 숙이는 등의 태도와 자주 연결시킵니다. 하지만 자신의 가치를 알맞게 가늠하는 사람은 애초에 꼭 필요한 경우가 아니라면 자신을 화제의 중심에 두지 않습니다. 가끔 대화를 하다 보면 자기와 상관없는 얘기를 할 때도 끊임없이 자신을 화제의 주인공으로 돌려놓는 사람을 접할 때가 있지요. 그러고서는 "하지만 나는 별거 아냐"라고 짐짓 자신을 낮추기도 합니다. 그러나 애초에 자신을 중심에 두려는 성향은 진정한 겸손을 방해합니다. 어떤 면에서 보면 자신감 있게 자기를 비하하는 태도는 겸손이 아니라 기만적 자랑에 가깝습니다. 이렇게 해도 나는 잘났다는 태도를 보이는 거니까요. 한 예로 고대 스파르타의 전사들은 넝마 같은 옷을 입고 다녔다고 합니다. 겸손한 태도 때문이 아니라 그런 옷을 걸치고도 자신은 훌륭한 전사라는 자신감을 표현했던 것이지요.

몽테뉴는 이렇게 말했습니다. "우리는 우리에 대해 무슨 이야기를 하는지보다 우리에 대한 이야기 자체에 더 신경을 쓰고, 우리를 어떻게 부르는지와 상관없이 사람들 입에 이름이 오르내린다는 사실로 만족스러워한다. 타인에게 알려지기만 하면 자신의 삶과 생애가 보장받는다는 듯 말이다."

자의식이 과한 사람은 어떻게든 유명해지기만 하면 된다는 식의 '노이즈 마케팅'을 펼치는 사람처럼 사람들에게 의식되고 언급되기를 바랍니다. 하지만 자신을 중심에 두는 사람은 겸손함과는 거리가 멉니다. 자신의 가치를 알맞게 가늠하는 겸손한 사람은 자신을 의식하고 중심에 둔 뒤에 자신을 낮추는 사람이라기보다 애초에 자신을 의식의 중심에 두지 않는 사람이라고 할 수 있으니까요.

◦ 겸손하지 못한 사람은
자신의 것이 아닌 것에 대해서도 과시한다

자신이 높게 평가받는 걸 과도하게 즐기는 사람은 심지어 자신의 것이 아닌 것에 대해서도 자랑하고 과시하고 싶어 합니다. 학력을 속이는 유명인이나 SNS에 알아보지 못할 정도로 보정한 자신의 사진을 올리는 사람도 그런 심리에서 비롯된 경우가 많을 것입니다. 자신이 남들 눈에 어떻게 보이는지를 너무 중시하는 것이지요. 자기 것이 아님을 알기에 때때로 자괴감을 느끼는 사람도 있는가 하면, 자신조차 속이는 상태에 빠지는 사람도 있습니다. 이런 성향은 모두 건강한 자존감의 결여에서 비롯되었다고 할 수 있습니다.

자신이 아닌 다른 모습으로 인기를 끌려고 하는 사람들의 심리는 참 흥미롭습니다. 인기를 얻고 싶어 한다는 건 사람들이 '나'를 좋아해주길 바란다는 것입니다. 하지만 자신의 진짜 모습이 아니라 꾸며진 가짜 모습을 좋아해준다면 우리는 진정한 만족을 얻을 수 있을까요? 남들은 몰라도 스스로는 진짜 자기가 아니란 걸 알고 있을 텐데 말입니다. 진실이 아닌 것은 모래로 지은 성처럼 오래 지속되기 어렵습니다. 자존감 역시 마찬가지입니다. 진짜 자신의 모습이 아닌 자신의 가면과 허상, 그리고

거기에 이끌리는 인기를 자존감의 근거로 삼는다면 자신을 진정으로 사랑하기는 어려울 것입니다. 겸손한 태도가 건강한 자존감에 필요한 또 하나의 이유입니다.

감사와 겸손은 어떤 관계에 있을까?

◦ 감사할 줄 아는 사람은
겸손한 사람처럼 보인다

겸손한 사람은 감사도 잘한다고들 하니 이번에는 겸손과 감사의 관계를 살펴봅시다. 연말 시상식에서 "제가 이 상을 받기까지 정말 감사드릴 분이 많은데요. 부모님, 동료들, 우리 스타일리스트 언니……. 이 분들의 도움이 없었더라면 저는 여기까지 오지 못했을 것입니다"라고 하면서 감사하는 태도를 보이는 사람 중에는 실제로 겸손한 사람이 많은 것 같습니다. 겸손한 사람이 감사도 잘하는 것은 자신을 높이고 자신의 공을 널리 알리려는 자기의식이 덜해 공을 남에게 돌리는 데 거리낌이 없기 때문입니다. 그래서 겸손한 사람은 감사를 잘하는 경우가 많다고 볼 수 있지요.

。감사는 잘하지만
겸손하지 못한 경우도 있다

하지만 감사와 겸손은 다른 태도입니다. 감사할 줄은 알지만 겸손하지 못한 사람도 있거든요. 예쁘고, 착하고, 똑똑하고, 사람들이 부러워하는 걸 다 가진 산드리를 상상해보세요. 산드리는 스스로에 대해서 만족스러워하고 동네방네 자랑하고 다니지만 부모님께는 크게 감사하는 마음을 갖고 있습니다. "부모님, 정말 감사합니다. 저를 이렇게 예쁘고 착하고 똑똑하게 낳아주셔서 감사합니다!" 그렇지만 그 결과 '그러니까 내가 최고야! 사람들은 훌륭한 나를 우러러봐야 해!'라고 생각한다면, 지금의 자신이 될 수 있도록 해준 부모님께 아무리 진심으로 감사하고 있다 하더라도 겸손하지는 못하다고 봐야 할 것입니다.

지금까지 이야기를 정리해보면, 겸손한 사람은 자신을 중심에 둔 다음에 깎아내리고 고개를 숙이고 '나는 별거 아닌 사람이다', '나보다 나은 사람이 훨씬 많다'와 같은 말을 되뇌는 사람이 아닙니다. 진짜 겸손한 사람은 자신을 중심에 두려는 성향이 적어서 남을 돕거나 진리를 추구하는 등 인생에서 중요하고 가치 있는 일을 의식하고 실천해나가는 사람인 것입니다. 또 그 와중에 '나는 어떤 위치에 있을까? 남들이 나를 어떻게 생각할까? 내가 지금 주인공일까?'와 같은 생각에 많이 빠지지 않는, 자의식이 과하지 않은 사람을 겸손하다고 할 수 있습니다.

겸손과 자기 비하는 어떻게 다를까?

° 겸손은
자기 비하와 닮았다

이번에는 겸손과 자기 비하의 관계를 살펴보겠습니다. "지나친 겸손은 독이다"라는 말이 있지요. 겸손은 얼핏 자기 비하, 열등감, 저자세 등 자신에 대한 부정적 태도와 비슷해 보입니다. 그래서인지 많은 사람이 겸손은 자신에 대해서 부정적으로 깎아내리는 태도와 다름없다고 보는 것 같습니다. 그런데 겸손이 자신에 대해 좋지 않게 생각하는 '낮은 자존감'을 의미한다면 겸손을 덕목으로 보기도 어려울 것입니다.

그래서 겸손이 덕목으로서의 위상을 유지하기 위해서는 자기 비하와 같은 부정적 태도와 어떻게 다른지 생각해보아야 할 것입니다. 우선 겸손과 자기 비하를 구분하려면 스스로를 깎아내리려는 성향이 선의, 용기, 정직 등 다른 덕목을 발휘하는 데 방해가 되는지 여부를 기준으로 생각해볼 수 있습니다.

유범이라는 의사가 있다고 생각해봅시다. '나는 정말 훌륭하지 못한 의사야. 나같이 무능력한 사람은 치료할 수가 없어.' 그는 자신의 능력에 대해서 부정적입니다. 사고 현장에서 사람이 피를 흘리며 쓰러져 있고 의사라고는 자신뿐인데, 자존감이 너무 낮고 자신의 능력에 대한 믿음이 없다면 선의가 요구하는 구명 행위를 하기 어렵겠지요. 이 상황에서 자신을 과소평가하고 깎아내리는 부정적 태도는 자신의 능력과 덕목의 발휘를 방해하므로 자기 비하에 가깝다고 할 수 있습니다.

자신의 업적이나 탁월성에 대해 상을 받거나 축하를 받을 때 괜히 겸손을 떠느라 "아닙니다. 별거 아닙니다"라고 말할 필요도 없습니다. 오히려 수상 후에 그 업적을 스스로 깎아내리면 그 상을 준 사람과 그 상을 받은 다른 사람, 또 그 상을 받지 못한 사람과 그 상을 받도록 도와준 사람 모두에게 실례가 될 수도 있으니까요. 그저 가슴 깊이 감사하면서 그 업적이 나 혼자만의 힘으로 이룬 것이 아니라는 점, 상을 받았다고 해서 자신의 가치가 다른 사람들보다 근본적으로 우월해지는 것은 아니라는 점을 마음에 새기면 충분할 것입니다. 다시 한번 말하지만 겸손하기 위해 자신을 깎아내릴 필요는 없습니다. 어쩌면 자기를 깎아내려야 비로소 겸손할 수 있다는 믿음 자체가 이미 자기가 남보다 높이 솟아 있다는 겸손하지 못한 생각을 전제로 하는 게 아닐까요? 내가 나로서 나답게 존재하는 동안은 남보다 높지도 낮지도 않고 그저 각자로 온전히 존재한다는 생각만 하면 됩니다.

◦ 겸손은 자신을 낮추고
   남을 높이는 태도가 아니다

겸손은 자신을 낮추고 남을 높이는 태도라고 말하기도 합니다. 그런데 이러한 태도에도 부자연스러운 면이 있습니다. 같은 속성을 두고 내 것이기 때문에 낮추어 보고 남의 것이기 때문에 높게 보는 태도는 남의 것이기 때문에 낮추어 보고 내 것이기 때문에 높게 보는 태도만큼이나 비일관적이기 때문에 덕목에 어울리지 않는다고 볼 수 있는 것이지요.

훈이라는 기타리스트의 사례를 상상해봅시다. 그에게 어떤 사람이 예전에 녹음한 테이프를 가져와서 들려줍니다. 그 연주를 듣고 훈이는 "와, 정말 내가 들었던 연주 중에 최고다!"라고 말했는데 그걸 들려준 사람이 "실은 그거 당신이 연주한 걸 녹음한 겁니다"라고 했습니다. 그 사실을 알게 된 훈이가 자신의 판단을 철회하고 "에이, 그럼 방금 한 말 취소! 이 연주 별로네!"라고 말한다면 이것도 앞뒤가 맞지 않는 태도일 것입니다. 이처럼 우리가 겸손하다고 해서 자신과 남의 평가에 있어서 앞뒤가 맞지 않는 태도를 지닐 필요는 없습니다.

◦ 겸손은 자신에게 엄격하고
   남에게는 관대한 태도가 아니다

겸손과 관련해서 또 한 가지 살펴볼 것은 자신에게 엄격하고 남에게는 관대한 태도입니다. 우리는 자신에게 엄격하여 쉽게 만족하지 않고 끊임없이 노력하며 위를 향하는 사람을 겸손하다고 말합니다. 하지만 반드시 그렇지만은 않습니다. 자신을 그런 식으로 '특별 취급'하는 것 또한 겸손하지 못한 태도를 드러낼 수 있기 때문이지요. 전교 1등 학생의 사례를 생각해봅시다. 가령 전교 1등을 하는 나일등은 시험 문제를 하나만 틀렸어도 만족하지 못하고 괴로워하고 '더욱더 잘해야 돼'라며 스스로를 채찍질합니다. 그때 괴로워하는 일등이에게 평소에 50점을 맞는 김긍정이 와서 "괜찮아, 성적이 인생의 전부는 아니잖아"라고 위로해주었어요. 그런데 괴로워하던 일등이가 고마워하기는 커녕 "너 같은 애는 괜찮겠지만 나는 안 돼!"라는 식으로 말합니다. 이런 사람은 스스로에게 만족하지 않고 계속 노력하려는 태도를 지녔지만 다른 한편으로는 남을 깔보고 자기만 특별한 존재로 보고 더욱 엄격한 잣대를 들이대려는 태도 때문에 오히려 겸손하지 못하다고 할 수 있지 않을까요? 이처럼 자신에게만 다른 기준을 적용해서 다르게 취급하는 태도를 겸손하다고 하기는 어렵습니다.

○ 남은 깎아내리지 않고 자기만 깎아내리는 일도 쉽지 않다

또한 남은 깎아내리지 않은 채 자신만 깎아내리는 일도 의외

로 쉽지 않습니다. 자신이 지닌 속성으로 인해 자신의 가치를 깎아내리면 그 속성을 공유하는 다른 사람까지도 비하하게 되는 문제가 생기니까요. 예를 들어 공부가 인생의 전부라고 생각한 최비관이라는 학생이 시험에서 50점을 맞고 "이렇게 형편없는 점수를 받은 나는 정말 한심한 인생의 낙오자야!"라고 외쳤습니다. 물론 전교 1등인 일등이가 와서 비관이에게 "이렇게 형편없는 점수를 받다니! 너는 정말 한심한 인생의 낙오자야!"라고 말했다면 마음에 큰 상처를 주는 일이고 주변에서도 그런 심한 말을 한 나일등을 비난할 만하겠지요. 하지만 이때 최비관은 스스로에게는 심한 말을 해도 괜찮다고 생각해서 이렇게 말한 것입니다. 그런데 옆에서 듣고 있던, 똑같이 50점을 받은 긍정이가 비관이의 말을 들었다고 해봅시다. 그러면 낮은 점수에도 불구하고 긍정적인 태도로 높은 자존감을 유지하던 긍정이도 기분이 상할 수 있습니다. 이때 비관이가 한 말에는 자신뿐 아니라 자신과 같은 점수를 받은 사람은 모두 '한심한 인생의 낙오자'라는 의미가 담겨 있기 때문이지요. 이 사례에서도 볼 수 있듯 자기 비하는 자신에게뿐만 아니라 자신과 비슷한 조건에 있는 다른 사람에게도 안 좋은 영향을 줄 수 있으니 무턱대고 자신을 깎아내리는 일도 삼가야 합니다.

겸손과 오만은 어떤 관계일까?

○ 자신의 장점을 드러내는 행동은 항상 오만할까?

이번에는 자기 비하의 반대편에 있는 오만과 겸손의 관계를 알아보지요. 흔히 겸손한 사람은 오만한 사람과 대비됩니다. 겸손은 남을 깔보고 자신의 가치가 남들보다 우월하다고 생각하는 오만한 태도와 양립이 어렵기 때문이지요. 오만한 사람은 자신의 뛰어난 점, 훌륭한 장점을 다른 사람에게 자랑하는 경우가 많습니다. 그렇다면 '우리의 탁월한 모습과 장점을 남들에게 드러내고 표현하는 건 겸손하지 못한 태도가 아닐까?'라고 생각할 수 있어요. 하지만 꼭 그런 것은 아닙니다. 오만한 사람들이 자신의 탁월함을 드러내고 자랑하고 싶어 하는 성향을 많이 지니고 있긴 하지만, 자신의 장점을 드러내는 일이 꼭 겸손하지 못함을 의미하지는 않으니까요.

예를 들어보겠습니다. 젊은 강사인 동용이가 새로 학원에 부임했습니다. 그런데 학생들의 눈초리가 의심으로 가득 차 있었습니다. '이 학생들은 교육자로서의 나에 대한 신뢰가 없구나' 하고 생각한 그는 이렇게 말합니다. "여러분! 저는 작년에 학원에서 우수 강의상을 받았고 명문대학도 나왔고 강의 평가도 거의 만점이었답니다." 누가 보면 '자기의 장점들을 저렇게 자랑하는 걸 보니까 겸손하지 못한 사람인가 보다'라고 생각할 수도 있어요. 물론 동용이가 자기 자랑을 해서 칭찬도 받고 스스로에게 만족감을 느끼려고 그런 말을 했다면 겸손하지 못한 행동이 맞을 것입니다. 하지만 그게 아니라 학생들을 돕기 위해서 교육 효과를 높이기 위해서 신뢰를 쌓는 방편으로 교육 수상 경력을 말했다면 이 행동 자체가 (물론 겸손한 행동까지는 아니겠지만) 오만한 태도를 드러낸다고 단정할 수는 없는 것이지요.

◦ 자랑에도 이유가 있다면
겸손에 어긋나지 않는다

이렇게 평소에 오만한 사람이 흔히 하는 행동인 '자랑'도 그 이유가 바람직하면 겸손을 해치는 행동이 아니라고 할 수 있습니다. 자기 비하의 경우와 마찬가지로 자아도취나 자기 자랑이 다른 덕목을 발휘하는 활동을 방해하는 정도에 이르면 겸손을 해치고 오만에 가까워진다고 할 수 있습니다. 그렇지 않는 한 자랑도 겸손과 상충하지 않는다고 봐야 하겠지요. 예를 들어 엄마에게 자랑하는 아이의 경우를 생각해봅시다. 찬수가 엄마에게 달려가 "엄마! 오늘 축구를 했는데 세 골이나 넣었어요!"라고 하면 엄마는 "아이고, 우리 아들 잘했네"라며 함께 기뻐할 겁니다. 또 찬수가 애초에 이런 자랑을 한 것도 어머니가 시기하기보다는 기뻐할 걸 알았기 때문이라면 겸손하지 못하다고 볼 이유는 없지 않을까요? 신뢰를 쌓기 위해 자신의 수상 경력을 언급한 동용의 경우처럼 찬수의 자랑도 겸손하지 못함을 보여주지는 않는 것 같습니다. 이처럼 자신의 장점이나 성취에 대한 자랑도 다른 덕목들이 요구하는 중요한 일을 하는 데 방해가 될 정도가 아니라면 오만이 아니라고 할 수 있습니다.

◦ 겸손은
자기 비하와 오만 사이의 중용이다

아리스토텔레스는 '덕德이란 모자람과 지나침의 양 극단 사이의 중용'이라고 했습니다. 이를 적용해보면 겸손은 자기 비하와 오만 사이의 중용이라고 할 수 있지요. 이해를 돕기 위해 용기의 경우와 비교해보자면 '용기는 모자람의 악덕인 비겁과 지나침의 악덕인 만용 사이의 중용'입니다. 그런데 용기는 비겁보다는 만용을 더 닮았다고 아리스토텔레스도 이야기합니다. 우리는 흔히 쉽게 도망가려 하고 너무 두려워하는 사람을 두고 '용기 없다'라고 이야기하기 때문이지요. 왜 그럴까요? 우리는 본능적으로 위험한 걸 보았을 때 두려워하고 도망가려는 성향이 있기 때문입니다. 그런 이유로 만용을 부리는 사람보다 비겁한 사람을 더 자주 보게 되고, 용기라는 덕목 역시 만용을 억누르는 경우보다 비겁함을 다스리는 경우에 더 자주 발견하게 됩니다. 그렇기 때문에 우리는 용기를 만용과 비슷하고 비겁의 반대편에 선 덕목이라고 이해하는 것이지요.

겸손도 마찬가지입니다. 우리는 본성상 자신을 중심에 두고 실제보다 더 높게 평가하고 싶어 하는 성향을 자신을 낮추려는 성향보다 더 강하게 가지고 있습니다. 그런 성향을 다스리고 통제할 수 있는 겸손이 발휘될 때 자신을 높이고자 하는 성향을 낮추는 모습으로 드러내는 경우가 많겠지요. 그렇기 때문에 겸손한 사람은 스스로를 낮추고 남을 깔보지 않는 사람이라고 많이들 인식하게 되는 것 같습니다. 그래서 겸손은 오만보다는 자기비하를 더 닮은 것이지요. 그런 의미에서 우리는 겸손을 자기 비하와 닮았지만 다른, '자기 비하와 오만 사이의 중용'이라 이해할 수 있습니다.

겸손하면서도 높은 자존감과 자신감을 가질 수는 없을까?

○ 자신 있게 겸손하기

자신 있게 겸손할 수 있을까? 오랫동안 고민했던 화두입니다. '나보다 잘하는 사람과 비교하면 자괴감에 빠지고 나보다 능력이 떨어지는 사람과 비교하면 우쭐해지니 헷갈리는구나. 남들과 비교하지 않고 겸손하면서도 높은 자존감과 자신감을 가질 수는 없을까?' 이런 생각을 종종 했지요. 그런데 겸손이 단순히 스스로를 낮추고 깎아내리는 태도였다면 높은 자존감이나 자신감과 양립하기가 어려울 것입니다. 하지만 지금까지 말했듯이 겸손은 자신을 존중하고 믿는 태도와 충분히 양립할 수 있습니다.

겸손한 사람은 자존감의 근거를 '나음(better)'이 아니라 '좋음(good)'의 추구와 실현에 둔다!

고민 끝에 겸손한 사람인지 아닌지는 자존감의 **크기**가 아니라 자존감의 **근거**에 달려 있다고 보게 되었습니다. 우리에게는 가치관이 불안정할수록 남들과의 비교에서 자존감을 찾는 경향이 있습니다. '뭐가 중요한지는 잘 모르겠지만 적어도 쟤보다는 내가 낫잖아!'라는 텅 빈 우월감에서 위안을 얻으려는 태도이지요. 하지만 함께 산을 오르던 사람이 내려간다고 해서 내가 정상에 더 가까워지는 것은 아닙니다. 겸손하지 못한 사람은 **나음**better, 즉 '내가 저 사람보다 낫다'는 상대적 우월성에 자기 자존감의 근거를 둡니다. 하지만 겸손한 사람은 남들과 상관없이 자기가 잘 할 수 있는 방식으로 **'좋음**good', 즉 가치 있고 의미 있는 것을 추구하고 실현함으로써 높아진 자존감을 얻게 되는 것이지요.

우리는 앞뒤 가리지 않고 1등만을 목표로 하는 사람을 종종 목격합니다. 그런데 등수는 자기보다 뛰어난 사람이 있는지에 의해 결정되는 우연적인 속성입니다. 그렇기 때문에 절대적 기준에서 본 자기 실력이나 자기가 추구하는 일의 가치와 등수는 직접적인 관련이 없을 수 있지요. 무엇에 가치를 두고 살아야 할지 잘 모르는 사람은 자꾸 옆 사람과 비교하게 됩니다. 마치 모르는 문제가 나오면 무턱대고 남의 답을 따라 쓰고 싶어지는 것처럼 말이지요. 하지만 남과의 비교가 내 갈 길의 방향을 알려주지는 않습니다. 각자는 나름의 삶을 살아야 하니까요.

그러니 상대적 우월성에 자존감의 근거를 두지 않고 이런 질문을 해보면 좋을 것입니다. '남과 상관없이 내가 할 수 있는 방식으로 내가 할 수 있는 만큼 가치 있는 무언가를 추구하고 실현해나가고 있는가?' 자기 방식대로 세상에 기여하고 있다면 자기보다 뛰어난 사람이나 못하는 사람이 얼마나 있든 우연히 정해지는 상대적 우열에 연연하지 않고 높은 자존감을 지닐 수 있지 않을까요? 겸손도 자신감도 결국 자신으로 '온전히' 존재하기 위해 필요한 덕목입니다.

스스로 충만한 사람은 남보다 나은지 잘 할 수 있는지 불안해하며 묻지 않습니다. 담담하고 당당하게 살아갈 뿐이지요. 오히려 높은 자존감이라는 강력한 방패가 있는 사람은 자세 낮추기를 꺼리지 않습니다. 남을 존중하는 태도가 몸에 배어 있으면서도 자세를 낮추는 것이 자신을 비하하는 행위가 아니라는 걸 잘 알고 있기 때문입니다. 그렇기 때문에 '겸손한 사람=낮은 자존감을 가진 사람'이라고 보아서는 안 됩니다. 겸손과 관련해서는 자존감의 근거를 어디에 두고 있는지가 중요하니까요. 따라서 높은 자존감을 지녔다 하더라도 충분히 겸손한 태도와 양립할 수 있다고 볼 수 있습니다.

겸손하면서도 자신 있게 살아가기 위한 실천적 지침으로 **삼등주의**를 제안합니다. 뭘 하든 어디를 가든 3등 정도를 목표로 하는 것이지요. 1등에만 집착하게 되면 살아가면서 극심한 스트레스를 받게 되고, 목표를 이룬 후에도 언제 자리를 빼앗길지 모르는 불안감에 시달립니다. 2등은 1등의 뒤통수를 보며 얄미워하고, '쟤만 없으면 내가 1등인데!'라는 시기심에 마음이 상하기 쉽습니다. 하지만 3등을 목표로 삼으면 적절히, 그리고 열심히 하면서도 마음의 부담은 덜합니다. 은메달리스트보다 동메달리스트가 더 행복하다고들 하니까요. 누군가는 이렇게 반문할 수도 있습니다. "그럼 왜 '사등주의'도 '오등주의'도 아니고 하필 삼등주의야?" 바로 이 문제의식에 삼등주의의 정신이 들어있습니다. 즉 등수 자체에는 아무런 본질적 가치가 없다는 것, '좋은 것'을 추구하며 산다면 남들보다 '더 나은' 것을 이루는 데에 집착할 필요가 없다는 것, 아이러니하게도 그걸 깨닫는 것이 '삼등주의'의 핵심입니다.

탁월한 자랑거리를 가진 사람만 겸손할 수 있을까?

지금부터는 겸손과 탁월함의 관계를 알아보겠습니다. 탁월한 자랑거리를 가진 사람은 아무래도 우쭐한 마음을 갖게 되기가 쉽지요. 그렇기 때문에 탁월한 능력을 가진 사람이 보이는 겸손의 태도는 더욱 빛이 나기 마련입니다. 한 가지 사례를 이야기해볼까요? 예전에 한 유명한 축구선수가 환상적인 단독 돌파에 이은 멋진 골로 그 해 최고의 골에 수여하는 상을 받은 적이 있습니다. 한쪽 골대에서 다른 쪽 골대까지, 드리블에서 슛까지 혼자서 해냈기 때문에 탁월한 기량이 아니고서는 그 골을 설명할 방법이 없었습니다. 하지만 그 엄청난 골보다 수상 소감에서 드러난 그의 겸손한 태도가 더욱 인상적이었습니다. 어떻게 그런 골을 넣게 되었는지 묻는 기자에게 그 선수는 "패스해줄 곳이 없어서 드리블을 시작했고 최선을 다해 달리다 보니 어느새 골대였다"라고 답했습니다. 골을 넣고 기분이 어땠느냐고 물으니 "경기 영상을 다시 보기 전까지는 그토록 훌륭한 골이었는지 몰랐다"라고 말했습니다.

여기서 두 가지 놀라운 점을 발견했습니다. 첫째는 자기 기량을 뽐내기 위해 무리한 개인 돌파를 강행한 것이 아니라 패스 길목이 막힌 상황에서 승리하기 위한 가장 합목적적인 움직임을 택한 결과로 자연스럽게 나온 골이라는 점, 그리고 둘째는 그 순간의 퍼포먼스에 몰입된 나머지 자신의 플레이가 얼마나 아름다운 장면을 연출하고 있는지 의식조차 하지 못했다는 점입니다. 이 인터뷰는 자신을 뽐내는 일보다 승리라는 더 큰 목적을 우선시하는 겸손한 태도를 여실히 보여줍니다. 이처럼 겸손한 사람은 그저 탁월한 기량을 적재적소에 발휘하지만, 그건 자신이 홀로 돋보이기 위해서도 아니고 강한 자의식에 기반한 것도 아닙니다. 그저 탁월할 뿐이지요. 진정한 스타는 실력뿐만 아니라 겸손한 성품으로도 가슴에 울림을 줍니다.

물론 애초에 탁월한 축구 실력을 지닌 사람이 아니었다면, 우리가 그의 겸손한 태도를 알게 될 기회를 갖기는 어려웠을 것입니다. 그렇게 생각하면 '탁월한 능력, 지식, 부와 같은 것을 가지지 않았다면 겸손할 수도 없는 게 아닐까?', '탁월한 자랑거리가 곧 겸손할 수 있는 조건인 건 아닐까?'라고 생각할 수 있습니다. 물론 자랑거리가 많으면 잘난 척하고 싶은 유혹이 많아 겸손하기가 어렵고, 그런 상황에서 겸손한 태도를 보이는 건 더욱 대단하다고 할 수 있습니다. 또한 많은 조명과 관심을 받는 사람이 스스로를 낮추고 자신을 과시하려 하지 않는다면 탁월한 능력과 겸손한 태도가 대조되어 겸손한 태도가 더욱 도드라져 보일 것입니다. '와, 나 같으면 잘난 척하고 온갖 자랑을 했을 텐데 저 사람은 그러지 않는구나' 하며 감탄하는 사람도 있겠지요.

그렇지만 탁월함이 겸손의 필수 조건임을 의미하는 건 아닙니다. 한 가지 사례를 생각해볼까요? 조슈아라는 아주 탁월하면서도 겸손한 바이올리니스트가 있다고 해보지요. 이 사람은 훌륭한 바이올린 연주 실력을 지녔는데, 어느 날 불의의 사고로 두

팔을 잃게 됩니다. 이제 더 이상 탁월한 연주 실력을 지녔다고 말하기 어렵게 된 것이지요. 그렇지만 이 사고로 연주 능력을 잃는 순간 겸손한 태도도 잃어버렸다고 봐야 할까요? 겸손한 태도는 그대로라고 보는 편이 더 적절하지 않을까요? 그런 점에서 봤을 때 탁월한 자랑거리를 지니는 것과 겸손한 태도를 지니는 것은 항상 같이하지 않으며 탁월한 자랑거리가 없더라도 겸손한 태도를 지닐 수 있습니다.

◦ 탁월한 자랑거리가 없어도 겸손한 태도를 지닐 수 있다

그렇다면 거꾸로 탁월한 자랑거리가 없는 평범한 사람을 생각해봅시다. 이번에는 '탁월한 자랑거리가 없으면 저절로 겸손한 사람이 될까?'라고 질문해보겠습니다. "난 생긴 게 겸손해서 딱히 겸손할 게 없어요"라고 농담 삼아 이야기하는 사람이 있었습니다. '생긴 게 겸손하다'는 얘기는 외모가 탁월하지 않다는 의미일 것입니다. 하지만 탁월하지 않은 걸 가진 사람이 저절로 겸손해지는 것은 아닙니다.

겸손하지 못한 사람은 무슨 조건에서든 자랑하거나 남들을 깔볼 수 있습니다. 반 아이들 중 꼴등에서 두 번째를 하는 사람도 꼴등을 비하하고 우쭐해 하며 겸손하지 못한 태도를 지닐 수 있으니까요. 그리고 내세울 게 하나도 없던 사람이 유튜브에 출연한 뒤 유명해지고 부자가 됐다고 상상해봅시다. 그때부터 갑자기 오만해질 만한 사람이라면 애초에 자랑거리가 없던 시점부터 겸손하지 못했다고 보는 편이 더 합리적일 것입니다.

지금까지의 이야기를 종합하자면 겸손은 탁월함의 유무가 아니라 이를 대하는 태도에 달렸다고 볼 수 있습니다. 그래서 자기의 장점이나 단점을 자신이 지닌 가치와 어떤 식으로 연결해서 보는지에 따라 겸손의 태도가 결정된다고 할 수 있습니다.

겸손의 덕목을
어떻게 기를 수 있을까?

지금까지 겸손의 의미와 가치, 그 특징을 살펴봤습니다. 마지막으로 겸손을 어떻게 기를 수 있을지 이야기해보겠습니다. 우선 우리가 자존감의 근거를 어디에 두는지 생각해봅시다. 우리나라는 경쟁이 심한 사회라서 1등을 중시하고 사회적 지위도 남들보다 우위에 있기를 원합니다. 그렇지 못하면 스스로를 비하하게 되고 낮은 자존감을 갖기 십상입니다. 하지만 '나음'보다는 '좋음'을 추구하고 실현하는 데 자존감의 근거를 둔다면, 우쭐하거나 자기 비하를 하지 않고 중용에 걸맞은 겸손의 태도를 기를 수 있습니다.

또한 자존감의 근거가 바로잡혀 있다면, 사람들이 칭찬하는 상대적인 장점이나 능력을 지녔다고 해서 남을 깔보고 자신을 높이지 않을 것입니다. 앞서 말했듯 내적 겸손과 외적 겸손을 함께 기르는 게 중요하겠지요. 그래서 어떤 말을 해도 '오해를 사지 않을까?' 생각해보고 스스로 겉과 속이 다르지 않도록 '맞아, 내가 이런 점을 지녔다고 해서 저 사람보다 우월하고 많은 존중을 받아야 하는 건 아니야', '내가 아무리 많은 것을 이루고 상대적으로 우월한 위치에 있다고 해도 우쭐대지는 말아야지'라고 생각하며 의식하다 보면 점점 더 겸손에 가까워질 것입니다.

겸손의 큰 걸림돌 중 하나는 '나는 겸손하다'는 자만심입니다. 아이러니하게도 '나는 겸손하다'라는 의식을 자주 할수록 겸손하기가 더 어려워집니다. 겸손은 단순히 고개를 숙이고 자신을 낮추는 말을 하는 것이 아닙니다. 겸손은 자기가 가진 것, 자기가 만든 것, 자기가 좋아하는 것에 대해 지적받았을 때 자연스럽게 보이는 반응에 녹아 있습니다. 자부심을 지닌 무언가에 대해 날카로운 지적을 받았을 때 견딜 수 없이 아프고 부정적인 감정이 스며 나온다면 겸손해지기까지 갈 길이 멀었음을 받아들이고 묵묵히 노력하면 됩니다.

겸손을 위해 주위의 도움이 필요하다

스스로 겸손하기 위해 노력하는 자세도 중요하지만, 주변 사람들도 도와주어야 합니다. 특히 인격이 형성될 시기의 아이들을 대하는 방식은 겸손해지는 데 더욱 중요합니다. 가령 부모가 아이를 칭찬하는 방식도 겸손과 자만의 경계를 가를 수 있습니다. 다음 칭찬을 함께 살펴볼까요?

"네가 반에서 1등이네! 역시 우리 아들!"

"네가 옆집 성우보다 낫구나!"

"너는 시험을 잘 보든 못 보든 항상 사랑스러운 우리 아들이야!"

"네가 열심히 노력한 덕분에 좋은 결과가 나왔구나."

　시험을 잘 보면 추켜세우고 못 보면 혼내기보다, 아이가 가진 장점과 상관없이 사랑받을 수 있다는 자존감을 심어주는 것이 좋겠지요. 그렇게 되면 자신의 가치가 남들이 높이 사는 장점에 있다고 여기고 뽐내려 하기보다는 겸손한 태도와 안정적인 자존감으로 중요한 일을 묵묵히 해나가는 아이가 되는 데 도움이 될 것입니다. 그리고 결과, 외모, 능력 등과 같이 자기 손이 아니라 운에 달린 것을 칭찬하기보다 '노력 자체'를 칭찬하는 것이 좋습니다. 그렇게 되면 자신이 최선을 다한다는 사실에서 자부심을 느낄 것이기 때문에, 그에 딸려 올 수도 있고 아닐 수도 있는 우연적인 장점을 얻어내고 자랑하려는 마음도 줄어들 수 있겠지요.

　누군가 탁월함을 보일 때 호들갑 떨며 찬사를 보내는 것도 겸손한 사람이 되는 데는 도움이 되지 않습니다. 《소학小學》에는 '소년급제', 즉 젊은 나이에 과거 급제하는 것이 첫 번째 불행이라는 말이 나옵니다. 어린 나이에 높은 지능으로 여러 언어를 구사하고 어려운 계산을 하거나 뛰어난 춤과 노래 실력으로 스타가 되어 사람들의 찬사를 받다가, 나중에는 그 인기와 부담을 감당하지 못하고 힘든 인생을 사는 천재를 우리는 많이 볼 수 있습니다. 어린 나이에 그토록 많은 찬사를 받으면서 우쭐하지 않고 겸손하기가 얼마나 힘들까요? 또 그런 찬사가 무관심이나 비난으로 변했을 때는 자존감을 유지하기가 얼마나 힘들까요? 저는 평소에 거짓이 아닌 한에서 최대한 칭찬을 많이 하려고 노력합니다. 하지만 가끔은 이미 많은 사람에게 칭송받는 사람에게 칭찬의 말을 더했다가 아차 싶을 때도 있지요. 격려한 게 아니라 그 사람의 자만과 허영에 한 스푼 얹어주었다는 사실을 그 표정에서 읽을 수 있었기 때문입니다. 이렇듯 자기가 잘난 걸 알고 있는 사람에게 칭찬은 그리 좋은 것이 못 됩니다.

미술관에서는 촬영은 괜찮지만 플래시라이트를 터뜨리는 건 허용되지 않는다고 합니다. 빛이 작품을 손상시키기 때문이지요. 사람도 마찬가지입니다. 너무 많은 플래시라이트는 겸손과 건강한 자존감을 손상시킬 수 있습니다. 뛰어난 사람을 만나더라도 호들갑 떨지 않고 잘 지켜봐주어야 합니다. 저도 가끔 과한 칭찬을 들으면 당황스러울 때가 있습니다. 너무 듣기 좋은 말은 듣고 싶지 않습니다. 칭찬이 싫기 때문이 아니라 오히려 그 반대입니다. 너무나 달콤해 겸손하지 못하도록 마음을 흔드는 유혹이 클 것 같아 일종의 다짐을 하는 것입니다. 그래서 저는 과분한 칭찬을 들을 때면 다이어트 중에 초콜릿을 선물 받은 사람처럼 좋고도 부담스럽습니다.

겸손의 덕목을 가진 사람은 '겸손'이란 말조차 떠올리지 않는다

겸손한 성품을 기르기 위해서는 자신도 주변 사람들도 끊임 없이 노력해서 겸손한 태도가 몸에 배도록 해야 합니다. 자만심과 자기 비하는 끊임없이 쌓이는 먼지와 같아서 겸손하면서도 자신감 있는 태도를 갖추려면 주기적으로 마음을 청소해야 합니다. 우선 나보다 잘난 사람과 비교해보고 나보다 못난 사람과 비교해본 뒤 상대적 위치에는 별 의미가 없다는 걸 깨닫고 자기가 할 수 있는 방식으로 가치 있는 일을 묵묵히 하다 보면 겸손의 덕목을 기르는 데 도움이 될 것입니다. 장점은 우쭐하지 않을 정도로만 생각하고 단점은 우울하지 않을 정도로만 생각하는 습관을 들인다면, 쉽게 자만이나 좌절의 함정에 빠지지 않고 건강한 겸손을 유지할 수 있습니다.

아리스토텔레스는 "한 마리 제비가 왔다고 봄이 온 것은 아니다"라고 하였습니다. '겸손한 사람'이 되었다고 할 수 있으려면 한두 번 겸손한 언행을 보이기만 하는 것이 아니라 그런 태도가 몸에 배어 있어 '겸손'이라는 말조차 떠올릴 필요가 없는 상태여야 할 것입니다. 그런 상태에 도달하려면 끊임없는 반성과 노력이 필요합니다.

그런 의미에서 보면 겸손이라는 덕목 자체도 겸손하다고 할 수 있을 것 같아요. 진정으로 겸손한 사람은 '나는 겸손해'라든지 '나는 겸손해야 되니까 이 일을 할 거야, 이것은 겸손한 행동이야'라고 하지 않을 것입니다. '겸손'이라는 단어가 머릿속에 계속 떠올라야 겸손한 행동을 보일 수 있다면 그건 오히려 충분히 겸손하지 못하다는 증거가 되지 않을까요? 기껏해야 '겸손 지망생' 정도로 생각할 수 있겠지요. 몸에 자연스럽게 배서 항상 겸손한 마음과 태도가 흘러나오도록 습관화하는 일이 중요합니다. 그래서 항상 나보다 더 가치 있는 것을 추구하고 우쭐하지 않으려고 노력할 때 겸손에 가까워질 수 있을 것입니다.

겸손한 사람은 자존감을 높이기보다 더 가치 있는 일에 힘쓴다

그래서 겸손한 사람은 자기보다 더 큰, 진정으로 가치 있는 일을 추구하고 실현하는 데 힘쓸 것입니다. 그러다 보면 '겸손'이라는 말뿐만 아니라 '자신'이라는 개념조차 자주 떠오르지 않는 상태가 될 것입니다. 그렇다고 이 사람이 자기 비하를 하거나, 낮은 자존감을 지닌 건 아닙니다. 역설적이게도 자존감 자체에 크게 신경 쓰지 않고 가치 있는 일을 추구해나가는 사람이야말로 자기도 모르는 새 튼튼하고 건강한 자존감을 갖게 될 수 있지요. 영국 작가 조지프 애디슨은 이렇게 말했습니다.

겸손은 덕德의 장식품인 동시에 덕의 방패이기도 하다.

_조지프 애디슨

즉 겸손은 자신의 '에고ego(자아)'에 함몰되어 정말 중요한 것을 추구하지 못하는 일을 막아주고 자아를 잘 다스리도록 만들어 다른 덕목이 제대로 발현되도록 돕는다는 점에서, 다른 덕목의 방패가 되어줍니다.

"우월하지 않고도 특별할 수는 없을까?" 끝없는 경쟁에 지쳐 있던 대학 시절부터 지금까지 제가 품어온 화두입니다. 그때 저는 수많은 별이 '저마다' 밝게 빛나는 밤하늘을 바라보고 있었습니다. 가치 있는 일에 스스로를 맡기며 산다면 우리는 홀로 특별하기에 충분하지 않을까 싶었습니다. 우리는 지금 상대적인 지위나 비교하는 눈길 같은 것에 너무 많은 가치를 부여합니다. '너'와 '나'가 두 손을 맞잡고 서로 특별할 수 있다면 '너를 넘어야 내가 행복해질 수 있다'는 착각이 신기루처럼 사라질 수 있지 않을까요? 그런 의미에서 겸손해진다는 것은 우리가 더불어 행복해지기 위한 첫걸음이 될 것입니다.

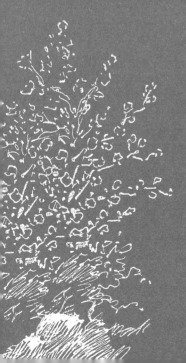

2장

감사
나를 위한 좋은 마음을 알아주는 마음

감사하는 마음은
모든 미덕의 어버이와 같다.

_키케로

"고마워." "감사합니다." 우리는 하루에도 몇 번씩 이런 말을 주고받습니다. 메일을 보낼 때도 인사말처럼 '감사합니다'를 붙이고는 하지요. 〈은혜 갚은 까치〉나 〈흥부와 놀부〉 등 많은 전래동화에서도 감사와 은혜 갚음은 핵심 주제입니다. 인간은 얽히고 설켜 함께 살아가는 존재이기 때문에 서로 감사하는 마음을 갖고 잘 표현하는 일은 매우 중요합니다. 하지만 감사라는 말이 익숙하다고 해서 감사를 제대로 이해하고 실천하는 일이 쉬운 건 아닙니다. 감사하는 마음과 다행이라고 여기는 마음에는 어떤 차이가 있을까요? '나쁜 감사'도 존재할까요? 어떤 사람이 나를 괴롭힌 덕분에 성장하게 되었다면, 그 사람에게 감사하는 것이 적절할까요? 이번 장에서는 이러한 질문을 중심으로 감사의 의미와 가치, 그리고 특징을 살펴보겠습니다.

감사란 무엇일까?

우선 감사가 무엇인지 생각해봅시다. 감사란 한마디로 '날 위한 좋은 마음을 알아주는 마음'입니다. 이 개념을 이해하기 위해 감사의 본질과 두 가지 주요 유형을 살펴보겠습니다.

○ 인간에게는 '주체'를 찾는 경향이 있다

인간에게는 어떤 일이 일어났을 때 그 주체를 찾으려고 하는 경향이 있습니다. 무슨 일이 생기면 그 일이 '그냥' 벌어졌음을 납득하기 어려워하고 '누군가'가 한 일이라고 받아들이려 하지요. 그래서 예전부터 번개가 치면 신이 노해서 벌을 내린 것으로 생각하기도 했고, 사냥에 성공하면 그걸 가능하게 해준 주체인 신에게 감사하는 의식을 지내기도 했습니다. 예를 들어 서양에는 추수감사절Thanksgiving Day이 있다면 우리에게는 조상님께 감사하는 추석秋夕이 있지요. 이처럼 우리는 나쁜 일이 일어나면 누군가의 '탓'을 하고 좋은 일이 일어나면 누군가의 '덕'이라고 여기며, 세상에 일어나는 일을 어떤 주체가 행하는 일로 파악하려는 경향을 가지고 있습니다. 그렇기 때문에 자신에게 좋은 일이 일어나면 자연스럽게 감사하는 마음을 갖게 됩니다.

◦ 감사의
두 종류

감사에는 크게 두 가지가 있습니다. 인격적 감사personal gratitude, 즉 '누군가'에 대한 감사와 비인격적 감사impersonal gratitude, 즉 어떤 '일'에 대한 감사입니다. 인격적 감사는 자신에게 호의를 베풀어준 주체에 대한 적절한 반응입니다. 흔한 예로 이사를 도와준 친구에게 감사하거나 힘들 때 위로해준 가족에게 감사하는 경우지요. 그에 반해 비인격적 감사는 특정한 주체에 대한 감사가 아니라 어떤 바람직한 '일'이 일어났음에 대한 감사입니다. 다행으로 여기고 기뻐하는 마음에 가깝지요. 대표적으로 오늘 날씨가 맑다는 사실에 대한 감사나 내가 오늘도 잘 곳이 있다는 데 대한 감사 등이 있습니다.

엄마가 배고픈 나를 위해 저녁밥을 짓는 상황을 상상해봅시다. 여기서 나에 대한 좋은 마음으로 애써 밥을 차려주는 주체인 어머니를 향해 갖는 태도는 인격적 감사이고, 내가 먹을 밥이 있다는 사실에 대한 감사는 비인격적 감사입니다. 살다 보면 이 둘을 잘 구분해서 이해할 필요가 있습니다. 예를 들어 어떤 사람이 호의로 짐을 들어줬는데 "고맙습니다"라며 인격적 감사를 표하는 대신, "아, 다행이다. 오늘은 짐을 대신 들어주는 사람이 있어 운이 참 좋네"라고 말만 한 뒤 가버리는 건, 그 사람에 대한 적절한 태도가 아닐 테니까요. 좀 더 자세히 설명해볼까요?

1. 인격적 감사

앞서 인격적 감사는 자신을 향한 호의로 은혜를 베푼 주체에 대한 적절한 반응이라고 했습니다. 아리스토텔레스는 호의란 "도움을 주는 자신을 위해서가 아니라 도움을 필요로 하는 상대방을 위해 아무 대가도 바라지 않고 도움을 주게 만드는 무엇"이라고 정의했습니다. 이 정의에 따르면 자신이 미래에 받게 될 대가나 좋은 평판 때문에 남을 도울 경우 진정한 의미의 호의에서 우러나온 행위라고 보기 어려울 것입니다. 그리고 감사의 적절한 대상이 되려면 스스로 누군가에게 관심을 갖고 배려하고 돌볼 수 있는 존재, 넓은 의미에서의 '인격체'여야 할 것입니다. 노트북이나 나무는 다른 존재에 대해 관심을 가질 수 없습니다. 그렇기 때문에 "노트북아, 내 글을 저장해줘서 고마워" 또는 "나무야, 시원한 그늘을 만들어줘서 고마워"라고 말한다면, 이는 엄밀한 의미에서 적절한 감사가 아니고 의인화에 해당하는 표현일 것입니다.

철학자 피터 스트로슨은 '반응적 태도reactive attitude'라는 개념을 통해 우리 같은 인격체들이 서로에 대해 자연스럽게 드러내는 태도를 포착합니다. 대표적인 예로 감사나 분노가 있지요. 즉 우리와 같은 인격체가 좋은 일을 해주면 감사하고 나쁜 일을 행하면 분노하는 것은 자연스럽지만, 바위나 나무 같은 무생물에게 그런 태도를 보이는 것은 자연스럽지 못하지요. 그렇게 봤을 때 우리가 누군가에게 감사한다는 것은 상대를 아무런 의지도 마음도 없는 기계의 톱니바퀴 정도가 아니라, 나를 향해서 좋은 마음을 가지고 좋은 일을 하려고 하는 인격체로 본다는 의미입니다. 그렇기 때문에 인격적 감사는 상대에 대한 존중의 의미도 담겨 있는 것이지요. 좁은 의미에서 감사는 인격적 감사를 말합니다.

2. 비인격적 감사

우리는 일상에서 비인격적 감사에 해당하는 표현 역시 자주 사용합니다. 비인격적 감사는 바람직한 사태가 일어났을 때 다행으로 여기고 기뻐하는 마음입니다. 엄밀한 의미에서의 감사라기보다는 어떤 사태에 대해 '다행이다', '기쁘다', '행운이다' 등의 마음을 갖는 것입니다. 소풍 가는 날 아침이라고 생각해봅시다. "오늘 날씨가 좋음에 감사해!"라는 말은 "오늘 날씨가 좋아서 다행이다"라는 의미로 해석될 수 있습니다.

흔히들 "매사에 감사하는 태도로 살아야 한다"라고 말하지요. 이 말을 들으면 예전에 딸아이가 보던 《생글이와 투덜이》라는 동화책이 떠오릅니다. 여기서 투덜이는 부자이고 친구도 많은데 항상 만족하지 못하고 불평합니다. 생글이는 가난하고 친구도 별로 없지만, 항상 가진 것에 만족하고 감사하며 살지요. 물이 반쯤 차 있는 컵을 보고 투덜이는 '물이 반밖에 안 남았네……'

라고 생각할 테고, 생글이는 '물이 반이나 남았네!'라고 생각할 것입니다. 이렇게 생글이처럼 주어진 것에 집중하고 만족하며 기뻐하는 태도가 감사하는 삶의 태도입니다. 그런 태도는 현실의 상황을 어떤 가능한 상황과 비교하는지, 그 마음의 습관에 달려 있습니다. 반쯤 찬 물컵과 가득 찬 물컵을 비교하면 비어 있는 반쪽에 집중하며 아쉬워하게 되고, 텅 빈 컵과 비교하면 반이라도 차 있는 쪽에 집중하여 만족하고 기뻐할 수 있는 것이지요. 그래서 스토아학파는 '가능한 최악의 상황'을 자주 떠올리고 현실과 비교하는 지혜를 중시하기도 하였습니다.

이런 태도를 일컫는 말로 'appreciation'이라는 영어 단어가 있습니다. 'appreciate'에는 '감사하다', '다행스럽게 여기다'라는 뜻도 있지만 '감상하다'라는 뜻도 있습니다. '그 진가를 잘 헤아리고 인정한다'는 뜻이지요. 그런 의미에서 감사는, '내가 지금 소풍을 가려고 하는데 날이 이렇게 맑은 게 얼마나 좋은 일일까?' 하는 점을 정확하게 파악하고 고마워한다는 뜻입니다. 그래서 '감지덕지感之德之하다'라는 표현은 비인격적 감사에 들어맞는 경우가 많습니다.

인격적 감사와 비인격적 감사는 개념적으로 구별되지만 가까운 관계입니다. 한 가지 예로 자연에 신의 영혼이 깃들어 있다고 믿는다면 자연에 대한 감사도 인격적 감사가 될 수 있습니다. 또한 강아지 혹은 인공지능 로봇에 대해서도 나를 향한 마음이 있다고 믿으면 비인격적 감사가 아니라 인격적 감사를 할 수 있는 것이지요. 넓게 보면 인격적 신이 온 세상을 다스린다고 믿는 사람에게는 신에 대한 감사가 가능한데, 그렇게 되면 이 세상에 벌어지는 모든 일이 그 신의 호의로 나에게 오는 것이니까 인격적 감사로 환원될 수 있습니다.

감사는 무엇으로 이루어졌을까?

지금까지 인격적 감사와 비인격적 감사에 대해 알아보았습니다. 이제부터는 (주로 인격적) 감사를 이루는 요소에는 어떤 것이 있는지 살펴보겠습니다. 감사의 구성 요소는 크게 믿음, 감정, 동기, 표현으로 나눌 수 있습니다.

1. 믿음

우선 자신을 위한 호의가 발생했다는 믿음입니다. 우리가 누군가로부터 호의를 받았다고 믿을 때, 즉 상대방이 나를 향한 좋은 마음으로 좋은 일을 하려고 했다는 것을 인지할 때 감사의 마음을 느끼지요. 예를 들어 누군가가 나를 위해 문을 열어준다면, 자기가 지나가려고 문을 연 것이 아니라 내가 편히 들어갈 수 있도록 날 위해 배려한 행동이라고 믿는 것이 감사하는 마음의 기본 조건일 것입니다.

2. 감정

다음으로 우리가 누군가에게 감사할 때 느끼는 따뜻한 감정입니다. 감사는 대체로 긍정적이고 기분 좋은 감정입니다. 예를 들어 갖고 싶던 시계를 선물 받았다고 생각해보세요. 물론 물질적 이익 때문에 기분이 좋기도 하겠지만 누군가의 마음이 담긴 선물은 단순한 '횡재'와는 다릅니다. 그 이득이 나를 아끼는 누군가의 호의에서 우러난 선물이라는 사실이 우리의 마음을 더욱 기쁘고 따뜻하게 만드는 것이지요. 이러한 감정은 자연스럽게 나에게 좋은 걸 베푼 은인에 대한 호감으로 이어지고 그 사람이 잘되기를 바라는 선의도 함께 생기게 됩니다.

하지만 감사와 관련된 감정이 항상 긍정적이고 기분 좋은 건 아니라는 입장도 있습니다. 예를 들어 아리스토텔레스와 칸트는 도움을 받은 사람이 상대의 호의에 대해 느끼는 따뜻한 마음 대신 부채감이나 수치심을 느낄 수도 있다고 보았지요. 누군가에게 도움을 받으면 자신이 받은 호의를 돌려주어야 한다는 부담감이나 자신이 도움이나 받는 열등한 지위에 처했다는 수치심을 느낄 수 있다는 것이지요. 하지만 이러한 부채감이나 수치심이 감사의 한 부분이 맞는지, 그리고 시혜자, 즉 은혜를 베푼 사람과 수혜자, 즉 은혜를 입은 사람 사이에 반드시 우열 관계가 성립하는 것인지는 좀 더 신중하게 생각해볼 필요가 있습니다.

우선 부채감에 대해 살펴보지요. 물론 양식이 있는 사람이라면 누군가의 호의로 도움을 받았을 때 기회가 주어지면 은혜를 갚겠다는 마음을 품게 될 것입니다. 하지만 이것을 언젠가는 갚아야 할 '빚'이라고 생각하고 부채감을 느끼는 것은 다른 문제입니다. 은혜를 입은 것을 '빚'이라고 생각한다면 언젠가 빚을 갚았을 때 '채무자'와 '채권자' 사이는 '청산'될 것이고 이후에 볼 일도 없을 것입니다.

감사의 마음은 수치심과도 다릅니다. 먼저 호의를 보이는 사람과 받아들이는 사람 사이에 반드시 우열의 문제가 성립되는 건 아닙니다. 예를 들어 아빠가 딸의 넥타이 선물에 고마워한다고 해서 갑자기 열등한 지위에 놓이는 건 아니겠지요. 호의를 주고받는 일은 지위와 상관없이 누구나 할 수 있는 일이니까요. 오히려 누군가가 나에게 호의로 도움을 주었는데 감사하는 마음을 보이지 않는 경우야말로 수혜자가 시혜자를 더 낮은 지위의 존재로 대하는 태도일 것입니다. 주인이 자기 하인의 노역에 감사를 표하지 않았던 것처럼 말이지요. 따라서 감사를 구성하는 감정은 긍정적이고 기분 좋은 것이라고 보아도 무방합니다.

3. 동기

세 번째는 은인에게 받은 은혜를 되돌려주고자 하는 동기입니다. 누군가가 나에게 호의를 베풀었을 때 '와 땡잡았다!'라며 기뻐하기만 한다면 시혜자에 대한 진정한 감사의 마음이 있는지 의심스러울 것입니다. 시혜자의 자신을 향한 호의를 인지하고 기분이 좋다 하더라도 시혜자를 도울 수 있는 기회가 있을 때는 도우려는 동기를 가져야 진정한 감사의 마음을 가졌다고 할 수 있습니다. 예를 들어 내가 이사할 때 친구가 짐 나르는 걸 도와주었다면, 나중에 친구가 이사할 때 나도 친구를 도와주려는 동기를 느껴야 진심으로 고마웠다고 할 수 있습니다.

4. 표현

마지막은 감사하는 마음을 드러내는 표현입니다. 감사는 어떤 마음을 느끼는지만큼이나 그 마음을 어떻게 표현하는지도 중요합니다. 상대에게 커다란 감사의 마음과 은혜를 갚으려는 동기를 지니고 있더라도 그 마음이 시혜자에게 제대로 전해지지 않는다면 그 의미가 반감되겠지요.

감사 표현의 대표적인 사례로 어버이날에 부모님께 드리는 카네이션이 있습니다. '감사합니다'라는 말에 감사의 마음을 담아 표현하듯 감사의 상징으로 카네이션을 드리는 것이지요. 마음만으로는 감사의 의미를 충분히 드러내기 어렵고, 또 적절한 기회를 포착하여 상대에게 흡족한 방식으로 감사의 마음을 표현하기란 쉽지 않을 때가 많지요. 어버이날과 같은 기념일이 제정되는 이유는 바로 그러한 '평소의 감사'를 표현하는 기회를 모두에게 주기 위해서일 것입니다.

감사를 표현하는 데는 다양한 방식이 있습니다. 수혜자와 시혜자의 관계, 시혜자의 필요, 수혜자의 처지 등을 고려하여 적절한 감사의 표현 방식을 선택하는 것도 삶에 필요한 지혜입니다. 예를 들어 승일이가 배가 고플 때 철민이가 빵을 사줬다고 해봅시다. 그 호의에 대한 감사의 표현으로 여러 방식이 가능할 것입니다. 우선 받은 것과 같은 종류의 빵을 주거나 빵값을 돈으로 주는 방법이 있지만 이 같은 행위는 감사의 표현이 아니라 빚을 갚는 것으로 오해받을 수도 있습니다. 만약 철민이가 빵을 너무 많이 먹어 질렸거나 알레르기가 있는데 빵을 준다면 상대의 필요에 걸맞지 않은 감사의 표현이 되겠지요. 좋은 물건을 선물해 감사를 표현해도 좋겠지만 승일이가 경제적으로 넉넉하지 않다면 부담스러울 수도 있습니다. 이런 점들을 고려했을 때 이 상황에서는 진심 어린 손편지를 적어 보내는 것도 적절한 감사의 표현 방식이 될 것입니다. 중요한 것은 고마운 마음을 나만 간직하지 말고 상대방에게 오해 없이 전달할 수 있는 좋은 방법을 택하는 것이겠지요. 감사에 대한 표현은 감사를 완성하는 중요한 부분이니까요.

감사의 가치는 어디에 있을까?

○ 감사할 줄 아는 사람에게는 감사할 일이 자주 생긴다

이번에는 감사의 가치에 관해 이야기해보겠습니다. 감사를 하면 어떤 점이 좋을까요? 우선 감사할 줄 아는 사람에게는 감사할 일이 자주 생긴다는 점을 들 수 있습니다. 이는 인간관계에서의 심리적 상호작용과 깊은 관련이 있습니다. 예를 들어 빨간색을 좋아하지 않는 사람이 생일 선물로 빨간색 가방을 받은 경우를 상상해봅시다. 투덜이라면 "나는 사실 파란색 가방이 더 좋은데……"라고 말하겠지만 생글이는 가방 색깔에 상관없이 선물을 준 사람의 마음만 생각하며 "정말 고마워!"라고 말할 것입니다. 투덜이는 선물 받은 물건에 집중하고 상대의 선의를 충분히 알아주지 못하는 반면, 생글이는 선물을 준 사람의 호의에 진심으로 감사하는 셈이지요.

이런 차이 때문에, 선물을 준 사람 입장에서는 생글이처럼 진심으로 고마워하는 사람에게 다시 선물하고 싶은 마음이 들게 마련입니다. 이처럼 감사할 줄 아는 사람은 상대방의 마음을 잘 헤아리고, 그 덕분에 주변 사람들에게서 더욱 많은 호의를 받게 됩니다. 다시 말해 진심 어린 감사의 표현은 긍정적 관계를 촉진하고, 더 많은 감사의 순간을 만드는 촉매제가 되는 것이지요.

또한 좋은 선물을 주고받을 때 예의의 범주를 넘어 사람 사이의 관계가 더욱 돈독해지고 친밀해지는 효과도 있습니다. 감사는 주고받는 사람들의 관계를 더욱 깊고 의미 있게 만들어주며 그 관계가 긍정적인 방향으로 발전할 수 있게 하는 밑거름이 되지요. 따라서 감사는 하는 사람에게나 받는 사람에게나 인간관계를 풍요롭게 하고 삶을 의미 있게 만드는 중요한 요소라고 할 수 있습니다. 감사할 줄 아는 사람에게 감사할 일이 자꾸 생기는 것은 그들의 감사하는 태도가 주변 사람들에게 긍정적인 영향을 미치기 때문이지요.

∘ 감사할 줄 아는 사람은
남들이 찾지 못하는 감사의 순간을 찾는다

감사를 하면 좋은 또 한 가지 이유는 감사할 줄 아는 사람은 남들이 놓치기 쉬운 감사의 순간을 찾아내게 된다는 점입니다. 감사는 자신에게 일어난 좋은 일에 대해 느끼는 감정이지만, 그 좋은 일이 하늘에서 뚝 떨어진 것이 아니라 누군가의 마음과 노력이 담긴 결과라는 사실을 인식할 때 더 깊은 의미를 갖게 됩니다. 이로 인해 자신이 소중한 존재로 대접받고 있다고 더욱 강하게 느끼게 되지요. 예를 들어 아침에 한 잔의 커피를 마실 때 그 커피가 내 손에 들어오기까지 얼마나 많은 사람이 애썼는지를 생각해봅시다. 커피 콩을 재배한 사람들, 이를 가공한 사람들, 운송과 판매를 담당한 사람들까지 우리가 마시는 커피 한 잔에는 수많은 사람의 손길이 닿아 있습니다. 이렇게 생각하면 그 커피 한 잔을 더욱 소중하게 느끼며 감사한 마음으로 마시게 될 것입니다.

감사할 줄 아는 사람은 힘든 일을 겪을 때에도 감사할 만한 대상을 찾아내고, 결국 불행 중 다행인 일을 많이 발굴하여 밝은 면을 누릴 수 있는 힘을 얻습니다. 다른 사람에게 너무 큰 기대를 하면 감사보다는 원망이나 불평을 하기가 더 쉽습니다. 하지만 다른 사람에게 큰 기대를 하지 않으면 그들이 보여주는 작은 호의와 선행에도 깊이 감사할 수 있겠지요. 그런 점에서 진심 어린 감사는 시혜자뿐만 아니라 수혜자 역시 더욱 행복해질 수 있도록 도와줍니다. 감사가 행복에 도움을 주는 이유는 온 세상이 나를 향한 호의를 보인다고 느낄 수 있도록 해주기 때문이겠지요. 결국 내게 주어진 삶이 처벌인지, 아무것도 아닌지, 아니면 선물인지는 삶을 대하는 '감사'의 태도에 달려 있습니다.

물론 누군가 이렇게 말할 수도 있겠지요. "사실 이 모든 과정은 사람들이 자기 이익을 위해 행동한 결과일 뿐인데, 여기에 감사할 수 있을까?" 각자가 자기 이익을 추구하는 행위는 의도하지 않았더라도 사회 전체의 이익을 가져온다는 애덤 스미스의 '보이지 않는 손' 이론이 말하듯, 사람들이 자신의 이익을 추구한 결과로 나에게 커피가 왔을 뿐이라고 생각할 수도 있습니다. 하지만 이런 경우라도 '커피를 마실 수 있어서 참 다행이다'라고 생각하며 비인격적 감사를 할 수는 있습니다.

비인격적 감사는 살아가는 순간순간 긍정적인 태도를 형성하는 데 중요한 역할을 합니다. 어떤 일이 일어났을 때 같은 일을 두고도 긍정적인 사람은 더 안 좋을 수 있었던 상황과 비교하고 부정적인 사람은 더 좋을 수 있었던 상황과 비교하는 경향이 있습니다. "다리가 부러졌다면, 목이 부러지지 않은 것에 감사하라"라는 웨일스 속담이 있습니다. 이는 다리가 부러졌을 때 '다리가 부러지지 않을 수도 있었는데 부러지다니 난 참 재수가 없어'라며 좌절할 수도 있지만, '그래도 목이 부러지지 않아서 다행이다'라고 생각하며 위안으로 삼는 긍정적인 태도가, 같은 일을 겪더라도 더 행복한 삶을 살아가도록 도와준다는 지혜를 보여줍니다.

◦ 감사는 상대를 존중하고
호의를 헤아리는 태도를 드러낸다

이처럼 감사는 하는 사람과 받는 사람 모두에게 좋습니다. 더 행복한 삶을 살 수 있게 해주니까요. 하지만 감사, 특히 인격적 감사는 상대의 좋은 마음에 대한 마땅하고 적절한 반응이라는 점에서 윤리적으로도 중요한 가치가 있습니다. 감사를 통해 상대의 호의를 제대로 인정하고 존중하는 태도를 드러낼 수 있기 때문입니다. 시혜자는 자신의 호의가 상대방에게 제대로 전달되었음을 느낄 수 있고, 이를 통해 그들의 마음이 온전히 인정받았다는 사실을 알게 됩니다.

반대로 은혜를 입고도 감사할 줄 모르는 사람을 두고 우리는 '배은망덕하다'고 합니다. 칸트나 세네카 같은 철학자도 배은망덕은 인간이 저지를 수 있는 가장 사악한 행위 중 하나라고 봅니다. 그 정도로 감사는 윤리적으로 중요한 태도라고 할 수 있지요. 감사하지 않는 태도는 종종 뻔뻔하고, 무디며, 이기적이고, 자기중심적인 태도를 동반합니다. 감사는 단순한 예의나 사회적 윤활유를 넘어 인간관계에서 중요한 윤리적 덕목을 이루며, 이를 실천하지 않으면 상대방을 존중하지 않는 태도로 비칠 수 있습니다.

또한 우리가 감사할 만한 것에 집중하게 되면, 다른 사람에게도 감사할 만한 일을 베풀고자 하는 동기 역시 자연스럽게 생겨납니다. 감사하는 마음이 생기면 그 마음이 친사회적 행동으로 이어질 가능성도 커지기 때문에 감사는 사회적으로도 긍정적인 효과를 만듭니다. 이처럼 감사는 사람들이 관계를 윤리적으로 건강하게 유지할 수 있도록 하는 필수적인 요소입니다.

감사의 적절한 기준은 무엇일까?

지금까지 이야기했듯 감사는 대체로 긍정적이고 가치 있는 것입니다. 하지만 감사는 단순히 하면 할수록 더 좋은 것이 아닙니다. 오히려 아무에게나 또 아무 때나 무분별하게 감사를 하면 부적절할 수 있고 나를 위해 진정으로 호의를 베푼 사람에 대한 예의를 저버리는 일이 될 수도 있습니다. 적절한 감사와 그렇지 않은 감사의 기준이 분명히 존재하는 것이지요. 그렇다면 적절한 감사가 되기 위한 기준으로는 어떤 것이 있을까요? 이제부터 감사의 기준을 이득, 노력, 호의의 측면에서 하나씩 살펴보겠습니다.

1. 이득

먼저 우리는 누군가 나에게 **이득**을 가져다주면 감사를 하곤 합니다. 친구가 나에게 밥을 사줄 때도 감사하고, 지나가는 사람이 길에 떨어진 나의 지갑을 주워주어도 감사하지요. 하지만 상대가 어떤 마음으로 나에게 이득을 가져다주게 된 것인지, 그 의도와 상관없이 나에게 이득이 되는 일을 해줬다면 무조건 감사할 만한 일이라고 할 수 있을까요? 예를 들어 상수가 탄 배가 가라앉고 있을 때 옆에 있던 건장한 승객이 열심히 물을 퍼내고 배를 고친 덕분에 살 수 있었다고 해봅시다. 그 사람에게 "정말 감사합니다!"라고 말했을 때, 그 사람은 "감사할 필요 없어, 나는 내 목숨을 구하기 위해 한 일일 뿐이야"라고 답할 수도 있습니다. 그 사람의 말도 일리가 있습니다. 상수를 구하려고 의도한 경우와 자신을 구하려는 행위 덕분에 운 좋게 옆에 있던 상수도 살아난 경우가 똑같이 감사받을 만한 것 같지는 않으니까요.

감사받을 만한 일을 하는 것과 감사받기 위해서 그런 일을 하는 것도 다릅니다. 남을 더욱 행복하게 하려는 목적으로 돕는다면 그건 분명 감사받을 만한 행동이겠지요. 하지만 생색내고 감사받기 위해서 남을 돕는다면 적절하지 못한 태도일 수 있습니다. 그런 목적과 동기로 남을 돕는 사람은 순수하게 도움을 주려는 의도를 가진 사람에 비해 감사받을 만함의 '농도'가 떨어진다고 볼 수 있습니다. 다른 사람에게 감사받는 건 물론 달콤한 일이지만 그 감사를 받는 것을 목적으로 하는 행위는 그다지 감사 받을 만하지 않다는 것도 감사의 흥미로운 점이라고 할 수 있습니다.

이번에는 상대가 나를 괴롭히려는 악의적인 의도로 행동했는데 그 결과가 나에게 유익을 가져온 경우를 생각해볼까요? 아인슈타인은 이런 말을 했다고 합니다. "나에게 안 된다고 말한 모든 이에게 감사한다. 그들 덕분에 스스로 해낼 수 있었기 때문이다." 만약 사람들이 악의적으로 아인슈타인에게 "넌 물리 바보라서 안 돼!"라고 말한 덕분에 오기가 생겨 세계적인 물리학자가 되었다고 해봅시다. 이러한 인과적 관계가 있다고 해서 아인슈타인이 그 사람들에게 진정으로 '감사'하는 것이 적절할까요? 아인슈타인이 그런 말을 한 것이 자신에게 악의적인 말을 한 사람들에게 진정으로 '인격적' 감사를 한 것이라고 문자 그대로 해석하면 오해를 가져올 수도 있습니다. 그의 말에 숨은 뜻은 자신을 비웃은 사람들을 통쾌하게 비꼬는 데 있었을지도 모릅니다. 아니면 그저 '스스로가 대견하다'라고 생각하거나 '다행이다, 이런 어려움을 이겨내서 결과적으로 내가 이렇게 스스로 해내다니'라며 기뻐하는 비인격적 감사에 가깝다고 보는 편이 더 합리적일 수도 있지요. 이런 경우에는 진심으로 (인격적) 감사를 하는 것이 오히려 부적절할 수도 있습니다.

2. 노력

다음으로 살펴볼 기준은 상대방이 나를 향한 호의를 실질적인 **노력**을 통해 행동으로 보여주었는지 여부입니다. 사람들은 누군가가 자신을 위해 애써 노력해주었을 때 감사하는 마음을 느낍니다. 심지어 그 노력이 실제로 도움이 되지 못하는 경우에도 말이지요. 예를 들어 덕규가 동생 장혁이의 시험 합격을 위해 열심히 영어를 가르쳐주었다고 해봅시다. 그런데 동생은 결국 합격하지 못합니다. 이때 장혁이가 덕규에게 "결과적으로 난 시험에 떨어졌으니 형한테 고마워할 이유는 없는 것 같아"라고 말했다면, 배은망덕한 동생처럼 보일 것입니다. 장혁이가 "내가 부족해서 목표를 이루지는 못했지만 날 위해 노력해줘서 고마워"라고 말하는 것이 적절하겠지요. 그런데 상대를 위한 노력이 결실을 맺지 못하고 도움이 되지 못한다 해도 감사받는 것이 적절하다면, 그 호의가 행동으로 드러나지 않는다 해도 적절한 감사의 대상이 될 수 있는 것은 아닐까요?

3. 호의

마지막으로 **호의**, 즉 나를 향한 좋은 마음이 감사의 기준은 아닌지 생각해볼 수 있습니다. 감사의 본질을 생각해보면 이득이나 노력만이 아니라, 이면에 담긴 상대방의 호의가 더 중요한 요소일 수 있습니다. 나를 위한 진심 어린 마음이 있을 때 그 마음을 알아주는 것이 감사의 핵심이지 않을까요?

예를 들어 경탁이가 세혁이에게 초대받아 커피를 권유받았을 때 속이 쓰려서 마시고 싶지 않았다고 해봅시다. 경탁이는 "난 괜찮아. 고마워"라고 말합니다. 참 예의 바르고 적절한 대응으로 보입니다. 그런데 도대체 뭐가 고마운 걸까요? 결국 세혁이는 커피를 타는 노력도 안 할 텐데 말이지요. 이 말에는 커피는 사양하더라도 그걸 권해준 호의에는 감사한다는 의미가 담겨 있습니다. 비록 커피를 주지는 않았더라도 권유한 세혁이는 마신다고 하기만 하면 타서 가져다줄 의향이 있었지요. 경탁이는 바로 그 마음을 알아주는 표현을 한 것입니다. 이런 사례를 보면 상대가 실제로 이득을 주거나 노력을 하지 않았더라도 나를 위한 좋은 마음만으로도 감사를 받기에는 충분한 듯합니다. 결국 우리가 누군가에게 진정으로 감사할 때, 그 감사의 중심에는 상대방이 나를 향해 보여준 좋은 마음이 있는 것이 아닐까요?

감사는 의무가 될 수 있을까?

지금까지 우리는 감사의 의미와 가치를 살펴봤습니다. 이제 던져볼 중요한 질문은 '감사도 도덕적 의무로 요구될 수 있을까?'입니다. 일반적으로 우리는 감사가 바람직하다고 생각합니다. 은혜를 입었으면 감사하는 것이 마땅하다고 여기지요. 하지만 감사가 단순히 바람직한 것을 넘어서 의무가 될 수 있을지에 대해서는 조금 더 깊은 고민이 필요합니다. 의무에는 구속력이 있어서 정당한 이유 없이 이를 지키지 않으면 비난받아 마땅함을 의미하기 때문입니다. 예를 들어 특별한 사유 없이 약속을 지키지 않거나 거짓말하는 것은 의무를 저버리는 행동으로 비난받아 마땅하지요. 그런데 감사도 이와 같은 범주에 들어갈까요? 감사하지 않으면 비난받아도 정당한 걸까요?

우리는 누군가에게 호의로 도움을 주었는데 상대방이 감사하지 않을 때 흔히 이렇게 말하기도 합니다. "내가 고맙다는 소리를 듣자고 한 일은 아니지만, 그래도 사람이 호의를 베풀면 고마워하는 티는 좀 내야 하는 거 아니에요?" 이처럼 도와준 사람이 감사를 기대하지 않았을지라도 감사의 표현을 하지 않는 상대에게 섭섭함을 느끼는 경우는 많습니다. 이렇게 감사에 대한 기대가 자연스럽게 생기면서, 감사가 하면 좋지만 안 해도 괜찮은 일인지 아니면 반드시 해야 하는 도덕적 의무인지에 대한 논란이 생깁니다. 지금부터 그 논란에 대한 이야기해보려고 합니다.

1. 감사는 의무라는 입장

우선 감사를 의무로 보아야 한다는 입장이 있습니다. 이 입장에 따르면 감사가 마땅한 경우가 있으며 이때 감사하지 않는 것은 의무를 저버리는 일이며 비난받을 수 있습니다. 물론 감정은 우리가 완벽하게 통제할 수 없으므로 감사하는 마음 자체를 의무로 강제하는 것은 어려울 것입니다. 하지만 최소한 감사의 표현만큼은 의무로 규정할 수 있다는 말이지요.

사과의 경우와 비교해봅시다. 예를 들어 우리가 실수나 잘못을 했을 때, "미안해", "죄송합니다"라는 말을 하는 것은 도덕적으로 바람직할 뿐만 아니라 의무로 여겨지기도 합니다. 마찬가지로 감사의 마음이 완벽하게 따라오지 못한다 하더라도 "고마워", "감사합니다"라고 표현하는 것은 사회적 예의로 의무라 할 수 있지 않을까요? 즉 감정이 따라오지 않더라도 최소한 감사의 표현은 해야 한다는 것이지요. 그리고 영어에 "Fake it, fake it, until you make it!(그런 척을 하다 보면 진짜 그렇게 될 거야!)"이라는 말이 있듯 감사의 표현을 성실하게 하다 보면 감사의 마음도 조금씩 자연스럽게 채워지지 않을까요? 부모들이 감사의 의미를 모르는 어린아이에게도 은혜를 입으면 감사의 표현을 하도록 교육시키는 데에도 이유가 있을 테니까요.

또한 은혜에 보답하는 감사의 행동 역시 의무라 여길 수 있습니다. 예를 들어 내가 어려운 시기에 누군가 밥을 사줬다면 나중에 내가 잘살게 되었을 때에도 그 은혜를 갚지 않는 것은 도덕적으로 옳지 않다고 생각할 수 있습니다. 받은 것과 정확히 같은 방식으로 보답하지는 않더라도 선물이나 편지를 보내는 등 무언가 보답하는 행동을 해야 의무를 다한 것으로 볼 수 있지요. 이런 은혜 갚는 행동 역시 감사의 마음이 충분하지 않은 경우에도 의지로 해낼 수 있는 마땅한 일이라고 볼 수 있습니다.

2. 감사는 의무가 아니라는 입장

반면 감사는 의무로 삼기 어렵다는 입장도 있습니다. 이 입장에 따르면 감사란 자발적인 마음에서 우러나오는 것이기 때문에 의무로 규정하는 것은 본질에 어긋난다고 주장합니다. 감사가 의무가 된다면, 은혜를 베푼 사람은 그에 대한 감사를 받을 권리를 주장할 수 있습니다. 하지만 이렇게 되면 감사는 빌린 돈을 갚는 일과 같이 의무적으로 이루어지는 것이 되고 맙니다. 하지만 감사를 주고받는 일은 자발적으로 우러나오는 마음에서 이루어져야 특유의 아름다운 가치가 드러납니다.

예를 들어 지갑을 잃어버렸을 때 우리는 지갑을 찾아준 사람에게 사례금으로 감사의 마음을 표현할 수 있습니다. 그런데 배은망덕한 사람이라면 기껏 소중한 지갑을 찾아줬는데도 아무런 보상을 하지 않을 수 있겠지요. 이런 상황에 대비해 지갑을 찾아주었을 경우 그 금액의 5~20퍼센트에 해당하는 보상금을 지급하도록 법적으로 유실물 보상금 제도가 정해져 있습니다. 그런데 같은 금액을 준다고 해도 '사례금'과 '보상금'에는 분명한 차이가 있습니다. 감사하는 마음으로 준다면 '사례금'이 되지만, 의무로 준다면 '보상금'이 되지요. 이처럼 감사와 보상은 다른 것입니다. 감사는 자발적인 마음에서 비롯되어야 하므로, 의무로 규정되면 그 아름다움이 퇴색된다는 주장에도 일리가 있습니다.

감사를 의무로 규정하면 누군가 좋은 마음으로 주는 선물도 어떤 식으로든 은혜를 갚아야 한다는 부담감 때문에 거절하게 될 수도 있습니다. 애초에 선물이나 호의는 되돌려받을 생각을 하지 않아야 진정한 의미가 있습니다. 그렇기 때문에 호의를 베푸는 것도 그에 대한 적절한 반응으로 감사하는 것도 의무로 강제하게 되면 우리의 직관과 어긋나게 됩니다.

지금까지 살펴보았듯 은혜를 입고도 감사하지 않는 태도는 바람직하지 않지만 감사가 도덕적 의무인지는 쉬운 문제가 아닙니다. 감사는 자발적이어야 의미가 있기 때문에 강제하기는 어려운 미묘한 영역입니다. 하지만 의무 여부를 떠나 예의 있는 사람이라면 감사가 자신을 향한 좋은 마음에 대해 보이는 적절한 반응이라는 점만은 마음에 새겨두어도 좋을 것입니다.

'덕스러운 감사'는 어떤 것일까?

감사를 단순히 의무로 보기 어렵다면, 덕목으로 이해하면 어떨까요? 누군가가 다른 사람의 호의를 당연시하거나 배은망덕한 태도를 보일 때 그 사람의 특정한 행동이나 선택보다는 성품 자체를 부정적으로 평가하는 경향이 있습니다. 덕스러운 사람이라면 은혜를 입었을 때 감사할 것이라고 짐작할 수 있지요. 감사할 줄 아는 성품은 칭송받는 덕목이 될 수 있습니다.

전래 동화인 〈은혜 갚은 까치〉를 떠올려보세요. 까치는 새끼들을 구해준 나그네에게 은혜를 갚기 위해, 자신의 목숨을 희생하여 구렁이에게 잡아 먹힐 위험에 처한 나그네를 구합니다. 나그네는 까치의 희생에 감동하며 눈물을 흘리지요. 우리는 감사하는 마음으로 은혜를 갚을 줄 아는 까치의 성품을 칭송합니다.

반대로 은혜를 입고도 감사하지 않는 성품을 비난하기도 하지요. "호의가 계속되면 권리인 줄 안다." 영화 〈부당거래〉의 유명한 대사입니다. 처음엔 호의로 받아들이던 것을 시간이 지나면서 당연한 것으로 여기는 태도를 경고하는 말입니다. 지속되는 호의에 대한 적절한 반응은 감사의 마음을 갖고 때때로 보답하는 것일 텐데, 권리로 착각하고 더 이상 감사하지 않는 사람은 성품에 문제가 있다고 할 수 있습니다.

﹒자신을 향한 호의에
적절하게 감사의 반응을 보인다

그렇다면 감사를 잘 하는 성향은 하나의 덕목으로 여길 수 있지 않을까요? 덕목을 모자람과 지나침 사이의 중용으로 본다면 호의에 모자라지도 지나치지도 않게 감사할 줄 아는 성향이 감사의 덕목이 되겠지요. 달리 말해 덕목으로서의 감사란 자신을 향한 호의에 적절하고 지혜롭게 인지적, 정서적, 동기적, 표현적 반응을 보이는 안정적 성향입니다. 즉 감사할 줄 아는 사람은 상대방의 호의를 잘 알아채고, 그 호의를 따뜻하게 느끼며, 이를 적절하게 표현하고 돌려주려는 동기를 가지고 있지요. 감사는 순간의 감정이 아니라, 이러한 성향을 지속적으로 보여주는 성품의 문제입니다.

◦ 사람의 마음을 잘 모르겠으면 우선 좋은 마음이라고 여겨라

덕스러운 감사에서는 상대의 의도를 명확하게 알 수 없더라도 '호의 추정의 원칙'을 적용하는 것이 중요합니다. 이는 상대방의 마음이 정확히 드러나지 않았을 때 그들이 좋은 마음으로 행동했다고, 나쁜 마음으로 그러지는 않았을 것이라고 추정하는 태도입니다. 이 원칙은 법정에서 사용하는 '무죄 추정의 원칙', 즉 죄가 있는지 없는지 잘 모를 때는 일단 죄가 없다고 추정하고 시작하자는 원칙과도 비슷합니다. 상대가 무죄임을 뒷받침하는 근거가 유죄임을 가리키는 근거보다 많기 때문에 무죄 추정을 하는 것이 아닙니다. 다만 무죄인 사람을 죄인처럼 취급할 때의 잘못이, 유죄인 사람을 무고한 사람처럼 대할 때의 잘못보다 크기 때문에 무죄 추정의 원칙이 있는 것입니다. 마찬가지로 호의 추정의 원칙 역시 사람들이 호의를 가지고 있을 확률이 더 높거나 그걸 뒷받침하는 증거가 더 많기 때문만은 아닙니다. 법에서는 증거가 불충분할 때 피고인을 무죄로 추정하는 것이 정의로운 행위인 것처럼, 사람의 마음을 알 수 없을 때도 상대방이 나쁜 의도를 지니지 않았다고 가정하는 것이 덕스러운 태도일 수 있습니다.

열 길 물속은 알아도 한 길 사람 속은 알기가 어렵습니다. 우리가 마주치는 사람의 마음을 그때그때 제대로 알아낼 방법이나 시간이 없는 경우가 많지요. 호의 추정의 원칙은 그러한 상황에서 상대에 대한 존중을 나타내는 방식이기도 하고, 자신도 마음 편하게 지낼 수 있는 태도이기도 합니다. 자신에게 좋은 일을 하는 사람을 마주했을 때, 호의에서 우러나온 것으로 여기고 감사하는 마음으로 지낸다면, 훨씬 행복한 마음이 들고 상대에게도 좋은 기운을 줄 수 있을 것입니다.

'나쁜 감사'도 있을까?

감사란 자신이 받은 호의에 과하지도 않고 부족하지도 않게 대하는 중용의 덕목입니다. 감사할 만한 상황에서 충분히 감사하지 않는 건 배은망덕한 태도겠지만 너무 부담스럽게 감사하는 것 역시 적절하지는 않겠지요. 지금부터는 중용에서 벗어난 감사, 즉 '나쁜 감사'를 감사가 모자란 경우와 지나친 경우로 나누어 살펴보겠습니다.

1. 모자란 감사

먼저 감사가 모자라서 문제가 되는 경우를 생각해보겠습니다. 우선 '인지적 배은망덕'은 감사할 만한 일을 너무나 쉽게 잊는 경우입니다. 어떤 사람은 자기가 남을 도와준 일은 잊지 않으면서 자신이 받은 도움은 금방 잊습니다. 이때 감사하지 않는 이유가 단순히 건망증이나 기억력 문제라면 도덕적으로 비난받기 어렵겠지만, 남의 도움을 가볍게 여기는 태도 때문에 잊었다면 감사의 부족이라 볼 수 있겠지요. 사람의 호의에 둔감하거나 이를 당연하게 여기는 태도는 배은망덕의 대표적인 예라 할 수 있습니다.

다음으로는 '정서적 배은망덕'입니다. 이는 도움을 받았음에도 불구하고 감사하는 감정을 느끼지 못하거나 냉담한 태도를 보이는 경우입니다. 도와준 사람에게 정서적으로 고마워하지 않는 사람이 가끔 있습니다. 이런 사람들은 지나치게 자기중심적이어서 다른 사람에게 공감하는 능력이 부족한 경우가 많지요. 한발 더 나아가 상대방의 호의가 자신의 지위를 낮추는 것처럼 여겨져 수치심이나 반감마저 느끼기도 합니다. 예를 들어 맞수의 도움으로 목숨을 구한 검객의 경우를 생각해봅시다. 이럴 때 이 검객은 고마운 감정을 느끼기보다 "너에게 도움을 받다니 부끄럽고 분하나! 하지만 이걸로 네가 우위에 있다고는 생각하지 마라. 이 빚은 꼭 갚으마!"라며 수치심과 부채감과 반감으로 반응할 수도 있습니다. 이렇듯 감사하는 감정이 부족한 경우는 정서적 배은망덕의 사례라고 할 수 있습니다.

세 번째는 '동기적 배은망덕'입니다. 누군가 도와주었는데도 그에 보답하려는 동기를 지니지 않는 경우입니다. 예를 들어 친구가 밥을 여러 번 샀는데도 밥을 사서 보답하려는 마음을 갖지 않는다면, 이 역시 감사의 덕목을 갖추지 못한 사례입니다. 물론 너무 바쁘거나 가난해서 마음은 있지만 실천하지 못하는 경우는 배은망덕이 아닐 수 있습니다. 감사에 있어서 더욱 중요한 것은 실제 행동보다 동기니까요. 하지만 만약 게으름이나 무심함 때문에 보답할 의지가 없는 것이라면 이는 은혜에 보답하려는 동기가 부족한 배은망덕의 사례가 될 것입니다.

마지막으로 '표현적 배은망덕'은 감사할 만한 일을 받았음에도 불구하고 적절한 방식으로 감사를 표현하지 않는 경우입니다. 누군가에게 도움을 받았으면 적절한 방식으로 감사를 표현하는 것이 매우 중요합니다. 고맙다는 말을 할 수도 있고 작은 선물을 보낼 수도 있겠지요. 감사의 표현에는 수혜자가 시혜자에게 감사의 마음을 지녔다는 정보를 전달하는 이상의 의미가 있습니다.

우람이가 친구인 정규의 숙제를 도와주었다고 해봅시다. 그런데 정규가 또 다른 친구에게 "우람이가 내 숙제를 도와줘서 정말 고맙더라!"라고 말하는 걸 우람이가 우연히 듣게 되었습니다. 결과적으로 우람이는 정규가 자신에게 고마워하는 마음이 있다는 사실을 알게 되기는 했지만, 그렇다고 해서 정규가 우람이에게 직접 감사의 표현을 하지 않는다면 마땅히 해야 할 일을 하지 않은 것 같다고 느낄 수 있습니다.

결국 시혜자가 수혜자의 고마운 마음을 아는지 모르는지 자체보다 수혜자가 그 고마운 마음을 시혜자에게 적절하게 표현했는지가 중요한 것입니다.

감사를 표현하는 방식에서도 적절함은 중요합니다. 누군가가 나에게 도움을 주었을 때 고개를 숙이며 "고맙습니다"라는 말을 하는 것이 일반적인 의미의 예의겠지요. 하지만 딱한 처지의 어떤 사람에게 돈을 빌려주는데 그가 턱을 위로 하고 눈을 아래로 깔고 아무런 감사의 말도 하지 않은 채 돈을 받는다면 그것은 감사의 마음이 제대로 담기지 않은 태도로 보일 수 있습니다.

단순히 "고맙습니다"라는 말만으로는 부족한 경우도 있습니다. 예를 들어 물에 빠진 사람을 구해준 은인이 있다면 그 사람의 목숨을 구해준 것은 단순한 호의 이상의 은혜일 것입니다. 그런데 그때 "고마워!"라는 한 마디만 던지고 떠난다면 그것은 은혜에 대한 적절한 반응이 아니겠지요. 이런 경우 감사의 마음을 더 깊이 있게 표현해야 합니다. 이처럼 감사의 표현이 행위의 중요성과 상응하지 않으면 표현적 배은망덕이라 할 수 있습니다.

2. 지나친 감사

한편 감사가 지나친 경우도 있습니다. 감사는 긍정적인 감정을 낳기 때문에 감사를 많이 한다고 해서 큰 문제가 되는 일은 드뭅니다. 그렇다고 해서 감사를 하면 할수록 좋은 '다다익선多多益善'이라고만 볼 수는 없습니다. 때로 감사가 과하거나 부적절하면 자신에게도 상대에게도 문제가 될 수 있으니까요. 예를 들어 지우개를 빌려주었다고 엎드려 절을 하면서 눈물을 흘리며 감사를 표한다면 상대가 '이 정도로 감사를 받을 일인가?' 하고 부담을 느낄 수 있습니다. 또한 무차별적으로 감사를 남발하다 보면 진심으로 감사를 받아야 할 사람과 우연히 나에게 이득을 준 사람을 구분하지 못하게 될 수도 있습니다. 모든 학생에게 'A+'를 주면 열심히 공부하여 특별히 우수한 성과를 낸 학생에게 불공평한 일이 되는 것과 비슷합니다. 이러한 상황에서는 감사가 오히려 본연의 의미를 잃어버리게 됩니다.

자격이 없는 사람에게 감사를 표현하는 것도 지나친 감사의 예가 될 수 있습니다. 예를 들어 상대방이 호의가 아닌 악의가 있거나 나에게 해를 끼치려는 의도가 명백한 경우에도 감사하는 것은 자존감이 결여되었거나 스스로를 너무 낮추는 태도일 수 있습니다. 앞에서 언급한 아인슈타인의 예처럼, "넌 안 돼!"라며 부정적인 반응을 보였던 사람에게 감사를 표현하는 것은 그래서 지나친 감사의 예입니다.

다시 말해 악의나 불의에도 감사하기만 한다면 적절하지 못할 수 있다는 말이지요. 예를 들어 일제강점기 일본의 부당한 처사에 대해 유관순 열사가 '그래도 고문을 조금밖에 하지 않았어' 또는 '나에게 강인한 정신력을 길러낼 기회를 준 일본 순사에게 감사해'라고 생각한다면 이는 불의에 대한 적절한 반응이 아닐 것입니다. 시정되어야 할 불의에 대한 적절한 태도는 감사가 아닌 분노일 수 있습니다. 따라서 힘든 일을 겪는 와중에도 구름 사이로 비치는 한 줄기 빛을 보고 감사하거나 다행스러워하는 마음을 지닐 수는 있겠지만, 악의나 불의에 대해 무조건 감사하는 태도는 바람직하지 않을 것입니다. 이런 점에서 긍정적 감정이 항상 좋은 것만은 아니지요.

비굴한 성향 때문에 감사하는 것 역시 바람직하지 못합니다. 예를 들어 하루가 멀다 하고 아내를 구타하는 남편의 경우를 생각해봅시다. 아내는 인간으로서 존중받을 권리가 있고 화풀이 폭행에 희생되어야 할 이유는 어디에도 없습니다. 그런데도 맞는 일이 습관이 된 나머지 남편이 하루 정도 폭행을 하지 않았다고 해서 "오늘은 날 때리지 않아줘서 고마워"라고 말한다고 해 봅시다. 이건 이유 없이 폭행당하지 않을 권리를 지녔다는 사실에 대한 자각이 없기 때문일 것입니다. 존중받아야 할 권리를 침해당하는 상황에서 하는 감사는 상대방에게 나를 깔보게 만들거나 교만을 키우는 등의 부작용을 낳을 수도 있습니다. 자신이지닌 권리에 대해 자각하고 당당하게 요구할 줄 아는 사람은 부당한 대우에 얹어진 자비 아닌 자비에 함부로 감사하지 않을 것입니다.

자신이 어떤 일을 당하든 '긍정적' 태도로 감사하기만 한다면, 소위 '정신승리'라고 부르는 회피적 태도일 가능성마저 있습니다. 따라서 고맙고 다행스러운 면을 찾아내고 그걸 누리는 태도를 기르는 와중에 불의에 대해서는 감사를 접고 정당한 분개의 감정으로 바꿀 수 있도록 해야 합니다. 어떤 일에서든 감사할 면을 찾을 수 있다고 해서 세상 모든 일에 감사하는 게 적절한 것은 아니니까요. 감사할 만한 것에 대해 감사할 줄 알고, 감사가어울리지 않는 상황을 파악하는 지혜가 필요합니다.

나쁜 감사의 또 다른 예는 감사의 표현이 상대에게 부담을 주는 경우입니다. 예를 들어 길을 물어본 사람에게 길을 알려줬을 뿐인데 며칠 뒤 그 사람이 장미 100송이를 보내왔다고 해봅시다. 이런 경우 단순한 감사의 표현으로 받아들이기에는 부담스럽고 환심을 사려는 속셈처럼 느껴지기까지 할 것입니다. 실제로 그런 경우가 많지요! 이는 단순한 감사의 표현을 넘어 상대방에게 부담을 줄 수 있습니다. 그래서 감사를 표할 때는 순수한 감사의 마음을 정중하게 드러내는 정도로만 하는 편이 받는 사람 입장에서도 마음이 편할 수 있습니다.

스승의 날에 감사를 표현하는 데서도 좋은 감사와 나쁜 감사의 차이를 찾을 수 있습니다. 학생이 스승에게 감사의 표시로 현금이나 비싼 명품을 드린다면 스승은 이러한 표현을 부담스럽게 느낄 수 있습니다. 이는 진심 어린 감사의 표현을 벗어나 스승에게 편애를 기대하는 신호로 해석될 위험도 있습니다. 뿐만 아니라 감사를 표현하는 기준을 높이면 소박한 방식으로 감사를 표현하고자 하는 다른 학생들에게도 부담을 주게 될 것입니다. 이런 사태를 방지하기 위해 특정한 관계에서는 특정 금액 이상의 선물을 할 수 없도록 강제하는 '김영란법' 같은 것이 생겨난 것이지요. 만약 감사를 받는 시혜자나 감사를 하고자 하는 수혜자가 적절한 지혜를 발휘해 꽃이나 편지와 같이 과하지 않은 표현 방식을 사용했더라면, 감사를 주고받는 아름다운 소통의 장에 법이 등장하여 인위적으로 규제할 필요도 없을 것입니다.

이처럼 시혜자에게 너무 큰 물질적 또는 금전적 보상을 하게 되면 선의에서 우러나온 행위가 아니라 보상을 받기 위해 힌 행위로 그 의미가 변질될 수 있습니다. 예를 들어 차에 치일 뻔한 아이를 구해줬을 때, 그 부모가 감사의 표시로 지갑에서 100만

원을 꺼내 주려고 한다면 그 사람은 "돈을 받으려고 한 일이 아닙니다!"라고 정색할 수도 있습니다. 선의로 한 일을 보답을 바라고 한 일로 퇴색시키는 모욕으로 보일 수 있으니까요. 물론 돈이 급한 경우에는 그런 사례를 받는 것 자체가 도덕적으로 문제되지는 않겠지만 '감사받을 만한 행동'의 의미는 퇴색될 것입니다.

선의에서 나온 은혜를 입은 뒤의 보상과 감사의 표시가 항상 같은 것은 아닙니다. 물론 힘들게 남을 도운 뒤에 "고맙습니다"라는 한 마디만 들어도 고생이 씻은 듯이 날아가고 큰 보람을 느끼게 된다는 점에서 '보상'처럼 보일 수도 있습니다. 하지만 감사는 물질적 보상을 주고받는 거래와는 성격이 근본적으로 다릅니다. 물론 복잡한 현실에서 살아가다 보면 진정한 의미의 '사례'와 거래 맥락의 '보상'이 칼로 자르듯 구분되지는 않겠지요.

그런 점에서 받은 호의나 은혜에 걸맞은 방식으로 감사를 표현해내는 감각은 중요한 것입니다. 우리의 삶이 '주고받는give-and-take' 식의 거래 관계로 끝나지 않고 아름다운 은혜와 감사의 관계로 이어지기 위해서는 감사받을 만한 일과 감사의 표현을 적절하게 주고받는 지혜가 필요합니다.

존재에 대한 감사도 가능할까?

∘ 자신과 특별한 관계로
존재해주는 데 대해 감사하다

이번에는 '존재에 대한 감사'에 대해 이야기해겠습니다. 존재에 대한 감사란, 상대가 나에게 특별한 관계로 존재해주는 데에 대한 감사입니다. 우리에게는 가족이나 친한 친구처럼 존재 자체가 감사한, 특별한 사람이 있습니다. 언제나 나를 아껴주고 내가 힘들 때나 기쁠 때나 항상 곁에서 애써줄 준비가 되어 있는 존재 말이지요. 그런 상대에게는 특정한 행동 때문이 아니라 그 사람의 존재만으로 감사할 수 있습니다. 예를 들어 어머니께 "먹여주고 키워주셔서 감사드려요!"라고 말할 수도 있지만 "좋은 엄마로 있어줘서 고마워요!"라는 말로 표현하는 데서 그런 마음이 전달되는 것이지요.

존재에 대한 감사가 적절하기 위해서는 이 사람이 나에게 좋은 사람이라는 전제가 필요합니다. 길 가던 사람이 지갑을 주워 준 데에 대한 감사는 특정한 행위나 호의에 대한 것이지만, 존재에 대한 감사는 특별한 관계에 있는 상대가 나에 대해 지닌 좋은 마음 전체가 그 대상이 됩니다. 한마디로 그 사람의 존재 자체가 나를 향한 호의를 구현하고 있다고 말할 수 있지요. 이처럼 존재에 대한 감사는 특정한 행위나 사건을 넘어 상대의 존재 자체에 대한 감사를 담고 있습니다. 예를 들어 평생을 아껴주고 키워준 부모님에 대한 감사의 마음은 특정한 행동, 즉 기저귀를 갈고 밥을 해주고 안아준 행위에 대한 것이 아니라 나를 향한 좋은 마음을 가진 사람으로 있어주는 데 대한, 존재에 대한 감사라는 개념입니다. 존재에 대한 감사는 자신이 운이 좋음을 다행스럽게 여기는 마음이 아니라 자신에게 특별한 관계로 있어준 존재를 향한 인격적 감사인 것입니다.

○ 감사를 하려면
상대와 최소한의 관계를 공유해야 한다

존재에 대한 감사를 표현하기 위해서는 상대와 특별한 관계여야 한다고 말했습니다. 감사는 특별한 관계 속에서만 적절한 개념이기 때문이지요. 칭찬의 경우와 비교해볼까요? 우리는 자신과 아무 관계 없는 사람에게도 칭찬하고 박수 칠 수 있습니다. 예를 들어 어떤 사람이 다른 사람의 지갑을 주워주는 모습을 보고 "참 착한 분이군요!"라며 칭찬할 수 있습니다. 하지만 감사는 이와 다릅니다. 직접적인 관계가 없는 사람이 다른 사람을 돕는 상황에서 제삼자가 감사하는 것은 어색할 수 있으니까요. 예를 들어 "저 사람의 지갑을 주워주셔서 감사합니다!"라고 길 가던 행인이 말하면 '자기 지갑도 아닌데 왜 감사를 하는 거지?' 하고 의아해할 것입니다.

존재에 대한 감사는 특히 더 친밀한 관계를 필요로 합니다. 그저 좋은 사람이라고 해서 그 사람에게 존재에 대한 감사를 표현할 이유는 없습니다. 처음 보는 사람이 다가와 "훌륭한 사람으로 있어줘서 고맙습니다!"라고 말하면 뜬금없겠지요. 상대의 좋은 마음이 바로 나를 향하고 그 사람이 나와 실질적인 관계를 가진 존재일 때에만 비로소 존재에 대한 감사의 적절한 대상이 되는 것입니다. 이해를 돕기 위해 가상의 상황을 예로 들어보겠습니다.

수현이는 첫째 아들 이준이를 낳았지만 건강도 좋지 않고 경제력도 부족해서 눈물을 머금고 입양을 보냈습니다. 반면 건강해지고 경제적 여유도 생긴 후에 둘째 아들인 서준이를 낳고 열과 성을 다해 사랑으로 아끼며 길렀습니다. 장성한 서준이는 어버이날 "좋은 엄마로 있어줘서 고마워요"라고 말할 수 있을 것입니다. 하지만 이준이는 수현이와 친밀한 관계를 쌓지 않았기 때문에 이런 감사를 표현하는 것이 적절하지 않을 수 있습니다. 수현이는 이준이에게 부모의 역할을 다하지 못했기 때문이지요. 이는 수현이가 아무리 좋은 사람이라 하더라도, 사정만 허락했더라면 이준이에게도 좋은 엄마가 되었을 것이라 할지라도 마찬가지입니다. 존재에 대한 감사는 상대방이 훌륭한 사람이라는 사실만으로 성립되지 않고, 함께해온 관계의 역사가 있어야 성립됩니다.

○ 감사할 만한 존재는
나의 외로움을 덜어준다

존재에 대한 감사가 특정한 행위에 대한 감사와 딱히 다른 것인지 의문이 들 수도 있습니다. 하지만 앞서 말했듯 자신과 특별한 관계인 존재에 대한 감사는 특정한 행위나 호의에 한정한 것이 아닙니다. 존재에 대한 감사는 상대방이라는 존재가 나에게 정서적 안정을 주고, 나의 외로움을 덜어주는 역할을 한다는 인식에서 비롯됩니다. 만약 존재에 대한 감사를 할 만한 상대, 즉 나를 온마음으로 아껴준 상대가 있다면, 그 사람에게 "나를 외롭지 않게 해줘서 고마워!"라고 말할 수도 있습니다. 하지만 짐을 들어주거나 선물을 주는 것과 달리 '외롭지 않게 해준다'는 것은 특정한 행위가 아니지요. 상대방이 나를 위해 특별한 행동을 하지 않더라도 존재하는 것만으로 나에게 위안과 안정감을 줍니다. 부모나 연인이 언제나 그곳에 있다는 사실만으로도 외로움에서 벗어나게 되고, 존재에 대한 감사를 느끼게 되는 것이지요. 이처럼 특정 존재가 나에게 중요한 정서적 의미를 갖는 경우, 우리는 그 존재에게 깊은 감사를 느낍니다. 하지만 이런 방식으로 외로움을 덜어주는 것은 특정한 행위가 아니기 때문에 존재에 대한 감사는 행위에 대한 감사와는 다릅니다.

이처럼 상대방의 존재 그 자체가 나에게 의미를 지니고, 나와의 관계 속에서 나에 대한 호의를 온마음으로 체화하는 존재가 곁에 있을 때 우리는 그 사람의 존재에 대해 감사를 느낄 수 있습니다.

감사와 비교할 만한 태도는 무엇일까?

이번에는 감사와 비교해볼 만한 태도를 살펴보겠습니다. 이것들은 감사의 결여나 반대에 해당하는 태도로 일상에서 종종 나타나며 적절한 감사를 방해하는 요소입니다.

1. 당연시하는 태도

내가 받은 도움이나 호의를 당연한 것으로 여기는 태도는 감사와 뚜렷하게 대비됩니다. 감사할 만한 은혜를 입었음에도 불구하고 "나는 원래 이런 대접을 받을 만한 고귀한 존재야!"라고 여기는 것이지요.

예를 들어 한 연예인이 팬들에게 선물과 지지를 받으면서도 이를 당연시하며 '나는 슈퍼스타라 이런 것들을 받을 만하니까 받는 것뿐이야!'라고 생각한다고 해봅시다. 이런 태도로 팬들의 노력과 호의를 가볍게 여긴다면, 그의 태도는 감사뿐만 아니라 겸손함 역시 결여된 것입니다. 감사는 겸손과 아주 가까운 덕목입니다. 겸손한 사람은 '이건 내가 당연히 받아 누려야 마땅한 권리이다!'라는 생각을 쉽게 하지 않겠지요? 겸손한 사람은 자신에게 주어지는 호의와 선행을 감사한 마음으로 받을 준비가 되어 있을 것입니다. 그래서 겸손과 감사는 서로를 강화하는 태도라고 할 수 있습니다.

또한 일상적인 상황에서도 종종 다른 사람의 호의와 노력을 제대로 헤아려주지 못하는 경우가 있습니다. 예를 들어 자식이 엄마가 아침밥을 차려주는 은혜를 당연하게 여기는 상황을 떠올려봅시다. 애써 차려준 아침밥을 먹고 가라고 했을 때 오히려 짜증을 내며 "엄마, 나 지금 늦었잖아!"라고 말하고 나가는 자식의 모습을 흔히 볼 수 있지요. 이처럼 가까운 사람의 은혜는 특히 더 감사한 줄 모르고 당연하게 받아들이기가 쉬운 것 같습니다. 하지만 소중한 사람에 대한 감사를 소홀히 할수록 나중에 후회하기가 쉬운 법이지요. 우리가 알게 모르게 받고 있는 은혜를 당연하게 여기지 않기 위해서라도, 가끔은 멈춰 서서 우리가 받는 은혜를 상대의 입장에서 헤아려볼 필요가 있습니다.

2. 분노

이번에는 감사와 분노를 비교해보겠습니다. 누군가 내게 좋은 일을 했다고 생각할 때 느끼는 감정이 감사라면, 분노는 상대방이 나에게 악의로 나쁜 짓을 했다고 생각할 때 생기는 감정입니다. 누군가 나에게 부정적인 영향을 미쳤다고 느끼면 우리는 자연스럽게 그 사람에게 분노를 느끼지요. 하지만 이 분노가 항상 적절한 것은 아닙니다. 우리는 상대방의 의도를 정확히 알지 못하면서 쉽게 분노의 감정을 느끼기도 합니다. 하지만 감정에도 적절한 것과 그렇지 않은 것이 있습니다. 공포는 위험한 상황에 적절한 감정이고, 슬픔은 소중한 것을 잃었을 때 적절한 감정인 것처럼 말이지요. 예를 들어 독사를 보고 공포를 느끼는 건 적절하지만, 밧줄을 보고 공포를 느끼는 건 적절하지 않습니다. 이런 최소한의 의미에서 분노가 적절하기 위해서는 상대가 나를 향한 악의로 나쁜 짓을 했다는 믿음이 사실로 드러나야 하지요.

그렇지만 하루하루 바쁘게 살아가는 우리가 상대의 마음을 일일이 헤아리기는 쉽지 않습니다. 이 경우에도 앞서 소개한 호의 추정의 원칙을 적용하면 도움이 될 것입니다. 충분한 증거가 없다면 상대방의 행동이 나쁜 의도로부터 나온 것이 아니라는 너그러운 마음을 지니는 것이지요. 누군가가 나에게 해를 끼쳤다고 느낄 때 그 사람의 진정한 의도를 알기 전까지는 악의적인 목적이 아닐 수도 있다고 생각하는 것이 바람직합니다. 기본적으로 분노라는 감정은 상대와의 관계를 악화시킬 뿐만 아니라 자신에게도 부정적인 영향을 미칩니다. 그것이 오해에서 비롯된 것이라면 더 큰 문제가 되겠지요. 이런 경우 성급하게 상대에게 화내지 않고, 심지어 상대가 악의를 가진 것이 어느 정도 사실이라 해도 웬만하면 너그럽게 상대를 대하는 편이 스스로에게도 상대에게도 나을 수 있습니다.

분노에 빠지기보다 상대방의 행동을 긍정적으로 해석하고 그 의도를 너그럽게 받아들이는 것이 감사의 바탕에 깔린 덕스러운 태도일 것입니다. 분노와 감사는 우리에게 일어나는 어떤 일에 대해서도 선택적으로 취할 수 있는 태도라는 공통점을 가집니다. 그래서 늘 남의 탓을 하게 되는 것은 다 자기 탓이고, 항상 남의 덕을 보는 것은 결국 자기 덕이라고 할 수 있는 거 아닐까요?

3. 감사와 사과

마지막으로 감사와 사과에 대해 이야기해보겠습니다. 감사가 상대방이 나에게 호의를 베풀었을 때 적절한 반응이라면, 사과는 내가 상대방에게 잘못했을 때 적절한 반응입니다. 감사와 사과는 상대방을 존중하고 그 사람을 인격적 존재로 인정하는 태도라는 공통점이 있습니다. 단적인 예로 우리는 책상이나 컴퓨터 같은 물건에 대해서는 감사도 사과도 하지 않지요. 어떤 사람이 컴퓨터에게 진심으로 "필요한 정보를 찾아줘서 고맙다"라고 하거나 "전에 내가 화나서 너를 쾅 때려서 미안해"라고 한다면 적절한 반응이 아닐 것입니다. 우리가 호의를 베풀고도 감사받지 못하거나 나쁜 짓을 당하고도 사과받지 못할 때 기분이 나쁜 이유도 마음을 가진 인격체로 존중받지 못한다는 느낌이 들기 때문입니다.

◦ 감사와 사과의 표현에 따라 주고받는 의미가 달라진다

때로는 감사해야 할지 사과해야 할지 애매한 경우도 있습니다. 예를 들어 힘세고 착한 행인이 나의 무거운 짐을 들어주었을 때 "도와줘서 고마워요"라고 말할 수도 있고, "힘들게 해서 미안해요"라고 말할 수도 있습니다. 하지만 이런 경우라면 사과보다는 감사를 하는 편이 바람직할 수 있습니다. "미안해요"라고 말하는 순간 자신은 상대에게 손해를 입힌 가해자가 되고 상대는 피해자가 되지만, "고마워요"라고 말하면 자신은 상대에게 은혜를 입은 수혜자가 되고 상대는 호의를 베푼 시혜자가 되기 때문입니다. 아무래도 가해자와 피해자보다는 수혜자와 시혜자로 남는 편이 좋겠지요.

또 한 가지 예를 들자면 선물을 받았을 때 "나 때문에 이렇게 많은 돈을 쓰게 하다니 정말 미안해"라고 표현하는 것도 문제가 될 수 있습니다. 선물을 준 사람은 고마운 마음으로 기쁘게 받아주기를 기대할 텐데 이런 반응은 김새게 만들지요. 이런 경우에는 상대방이 나를 위해 애써 해준 것을 피해나 부담으로 여기는 대신, 그들의 노력과 호의를 고마운 마음으로 받아들이는 것이

나을 수 있습니다. '탓'보다는 '덕'을 찾는 마음가짐이야말로 감사하며 사는 태도의 핵심인지도 모릅니다. 관점에 따라 같은 행위가 희생이 될 수도 있고 선행이 될 수도 있으니까요.

물론 감사가 아닌 사과가 더 직질한 상황도 존재합니다. 예를 들어 옆에 있는 사람을 때려놓고 "맞아줘서 고마워!"라고 말하면 상대방은 어이없겠지요? 상대가 맞은 것은 자발적인 호의에서 한 일이 아니니까요. 도둑이 돈을 훔쳐가면서 "나눠줘서 고마워!"라고 외치는 것도 조롱에 가까울 것입니다. 또한 아무리 상대가 호의로 남을 도와주었다 하더라도 애초에 그 상황이 나의 잘못으로 초래된 것이라면 사과도 함께하는 편이 더 나을 수 있습니다. 가령 내가 실수로 엎지른 물을 친구가 함께 닦아준다면 "고맙고 미안해"라고 할 수도 있겠지요. 사랑과 같이 우리 마음대로 할 수 없는 감정 때문에 일어난 일에 대해서도 사과와 감사를 어떻게 해야 할지 신중하게 고려해야 합니다. 우리는 일상에서 "사랑해줘서 고마워" 또는 "미안하지만 널 사랑하지 않아"와 같은 표현을 자주 접하지요. 이런 경우에 과연 사과나 감사가 적절한 것인지 고민해봐야 합니다. 나의 잘못은 얼마나 있는지, 상대가 자발적으로 나를 위해 해준 일인지, 그리고 상대는 얼마만큼의 피해를 입었는지 등 다양한 면을 고려하여 지혜롭게 사과하고 감사하는 법을 익혀야 합니다.

이번에는 미리 하는 감사의 적절성에 대해 이야기해보겠습니다. 부탁할 때 "미리 감사드립니다"라고 하는 사람이 가끔 있습니다. 가령 철수가 선생님에게 보내는 이메일에 "선생님, 혹시 과제 기한을 이틀만 뒤로 미루어주실 수 있나요? 제가 여행을 가게 되어서요. 미리 감사드립니다!"라고 썼다고 해봅시다. 이 경우 철수의 '감사'는 선생님의 자유에 대한 존중이 결여된 태도라고 보아야 합니다. 상대가 허락할 것을 전제했기 때문이지요. 선생님이 기한을 더 줄 수 없다고 답장했다면 철수의 미리 한 감사는 갈 곳을 잃을 것입니다. 상대가 감사받을 행동을 자발적인 호의로 선택할 때 감사는 비로소 제 의미를 찾게 됩니다.

미리 하는 사과에는 더 큰 문제가 있습니다. 감사는 상대가 미래에 호의를 베풀 것에 전제한 것이라면 사과는 상대가 미래에 피해를 입어도 괜찮을 것이라 전제한 것이기 때문이지요. 가령 이웃 주민이 "안녕하세요. 내일은 저희 집 인테리어 공사가 있어서 하루 종일 시끄러울 예정이라 미리 사과드립니다"라고 말했다고 해봅시다. 이런 말은 상대에게 아무런 선택지도 주지 않은 일방적인 통보에 해당되기 때문에 문제가 있습니다. 상대가 괜찮든 안 괜찮든 공사를 강행하겠다는 뜻이니까요. 인테리어 공사로 소음을 일으키는 일에 관해 사과해야겠다고 판단했다면, 그런 선택을 한 것 자체가 문제일 수 있습니다. '미안할 짓'은 애초에 하지 말아야 하는 것이니까요. 이런 경우에는 "내일 인테리어 공사로 시끄러울 수 있는데 양해해주실 수 있으실까요?" 정도로 말해야 최소한의 존중을 표현할 수 있습니다.

　마지막으로 감사와 사과의 복잡 미묘한 관계를 보여주는 사례를 한 가지만 더 살펴보겠습니다. 자신에게 잘못을 저지른 친구가 나에게 도움을 주었다면 그래도 감사를 해야 할까요? 아니면 자신에게 사과를 먼저 하기 전까지는 감사도 보류해야 하는 걸까요? 예를 들어 성욱이가 빌려준 책을 망가뜨리고 사과도 하지 않는 준호에게 화가 난 상태라고 해봅시다. 그런데 하루는 성욱이가 준비물을 가져오지 않았는데 준호가 이를 빌려주어 별탈 없이 수업을 들을 수 있었습니다. 이럴 때 성욱이는 준호에게 먼저 고맙다고 해야 할까요? 아니면 준호에게 사과부터 하라고 해야 할까요? 혹은 과거의 잘못에 대한 빚을 현재의 은혜로 갚은 것이라 여겨야 할까요? 쉽지 않은 문제지만 감사는 감사대로, 사과는 사과대로 해야 하지 않을까 합니다. '고마운 일'과 '사과해야 할 일'은 단순하게 상쇄되는 것이라기보다 각각 적절하게 대응해야 할 별개의 일이니까요.

　감사와 사과는 이처럼 여러 면에서 밀접한 관련을 맺고 있습니다. 누군가 자신에게 호의로 도움을 주었다면 감사해야 할 것이고, 누군가 잘못을 했다면 사과받아야 할 것입니다. 하지만 인생을 살다 보면 서로 좋은 일만 해주거나 나쁜 일만 하는 관계를 맺는 경우는 드뭅니다. 특히 가족이나 친구처럼 생활의 많은 영역을 공유하며 살아가는 사람과의 관계는 더욱 그렇습니다. 가까운 관계에서는 호의도 잘못도 자주 주고받으니까요. 그럴 때 잘못한 일에 대해서는 제대로 사과하고, 받은 호의에 대해서는 제대로 감사한다면 서로 크게 마음 상할 일은 없을 것입니다. 물론 아주 친한 관계에서는 이심전심으로 감사와 사과의 마음이 전해지기도 합니다. 하지만 관계의 친밀함이 항상 사과나 감사 표현의 규범에서 벗어나게 해주는 것은 아니니 상대의 마음을 잘 헤아려 감사와 사과의 마음을 전하는 일이 중요합니다. 감사와 사과만 잘해도 인간관계의 대부분은 건강하게 굴러갈 수 있을 것입니다.

감사의 덕목을
어떻게 기를 수 있을까?

지금까지 살펴보았듯 지혜롭게 잘 감사하는 성향은 중요한 덕목입니다. 그렇다면 감사의 덕목은 어떻게 기를 수 있을까요? 감사는 꾸준한 노력과 의식적인 습관을 통해 더욱 깊고 의미 있게 발전시킬 수 있습니다. 여기서는 감사의 덕목을 기르기 위한 몇 가지 방법을 살펴보겠습니다.

자신이 누리는 호의와 행운에 대해 상기하기

감사를 잘하기 위해서는 자신에게 주어진 것들을 다시 생각해보는 습관이 중요합니다. 예를 들어 지금 이 순간 큰 고통 없이 숨 쉬고 살아 있다는 사실만으로도 충분히 감사할 일이지요. 우리가 평안한 상태를 누리기 위해서는 얼마나 많은 호의와 노력과 행운이 필요한지 상기해봅시다. 주변에 나를 도와주는 사람이 얼마나 많으며 나에게 제공되는 작은 배려가 얼마나 중요한지 생각해보면 감사의 마음이 자연스럽게 생겨날 것입니다. 우리는 못 하거나 하기 힘들거나 하기 싫은 일을 대신 해주는 등 서로의 덕을 보며 살고 있으니까요. 우리를 위해 애써주는 사람의 마음을 되새기고 우리가 누리는 행운 역시 당연하게 여기지 않으려 노력한다면 적절한 감사의 태도를 기를 수 있습니다.

다른 사람의 호의를 인정하고 받아들이기

나아가 다른 사람의 호의를 인정하고 받아들이는 태도 역시 중요합니다. 특히 자존심이 너무 강한 사람은 혼자서 모든 일을 해결하려고 하거나 남의 도움을 받더라도 그 도움을 최소화하려고 합니다. 하지만 어차피 인간은 누군가의 호의에 신세를 지지 않고는 살아가기 어려운 사회적 존재입니다. 스스로 다 하려고 너무 애쓰기보다 다른 사람의 도움을 기꺼이 받고 그 호의를 제대로 받아들이는 자세가 중요합니다. 도움을 받는 데 대한 부담감을 줄인다면 감사의 마음도 더욱 자연스럽게 우러날 수 있을 것입니다.

감사 일기 쓰기

감사 일기를 쓰는 것도 감사의 마음을 기르는 좋은 방법입니다. 단순한 기억보다는 기록이 마음에 더 깊이 새겨지지요. 기록을 위해 기억을 더듬다 보면 미처 생각하지 못했던 감사할 거리가 떠오를 것입니다.

"고맙게도 누나는 바쁜 와중에 시간을 내서 내 책의 일러스트를 그려주었고, 형은 내가 힘들 때 많은 조언과 격려를 해주었다."

"집 앞의 눈을 아침 일찍 치워주신 분들 덕분에 차가 수월하게 빠져나갈 수 있었다."

"날씨가 따뜻해서 감기에 걸리지 않아 다행이다."

간단하게 메모해보세요. 이런 기록은 우리가 당연하게 여겨온 작은 배려나 행운을 상기시키는 데 큰 도움이 됩니다. 살아만 있어도 감사할 일입니다. 감사할 일이 없다고 생각되더라도 자칫 당연하게 넘어갈 수 있는 호의나 행운을 의식적으로 떠올려 구체적으로 감사할 거리를 찾다 보면 스스로 얼마나 행운아인지 새삼 깨닫게 됩니다. 이런 과정이 반복되면 일상 속에서 감사를 더욱 자주 느끼고 표현할 수 있을 것입니다.

말이나 편지로 감사 표현하기

일기에 써서 감사하는 마음을 잘 간직하는 것도 중요하지만 그 마음을 상대에게 표현하는 것도 중요합니다. "고마워", "감사합니다"라는 말 한 마디, 글 한 줄을 전하면 호의를 베푼 사람도 받은 사람도 모두 뿌듯하고 따뜻한 마음을 느끼게 되지요. "전에 나 아플 때 약 사다 줘서 고마웠어!"라고 적은 쪽지를 보내면 받은 사람도 잊을 뻔한 선행을 떠올리며 자존감이 높아질 수 있고 감사의 글을 전한 사람도 그 모습을 보며 기분이 좋아질 수 있습니다. 애초에 누군가 나에게 좋은 일을 해주면 마땅히 해야 하는 것이 감사지만, 감사를 받는 상대에게도 그것은 또 하나의 좋은 일이 될 수 있습니다. 호의를 베푸는 것도 고마운 일이고 그 호의에 고마워하는 것도 고마운 일이니까요. 그렇게 고마움은 고마움을 낳습니다.

스스로 감사받을 만한 일 실천하기

감사를 배우는 또 다른 방법은 스스로 감사받을 만한 일을 해보는 것입니다. 누군가가 나에게 해준 좋은 일을 나 스스로 해보면 그 사람이 그 일을 해주기 위해 얼마나 애썼는지 체감할 수 있기 때문입니다. 스스로 자식을 낳아 키워본 후에야 비로소 부모님의 노고를 알게 되는 것이 그 예 중 하나지요. 특히 기억도 하지 못하는 아기 시절이나 철없던 어린 시절에 부모님이 베풀어주시는 사랑과 노고는 자신이 부모가 되면 더 크게 와닿을 수 있습니다. 이처럼 자기가 받은 은혜를 다른 누군가에게 베풀어보면 감사의 마음을 키우는 데에도 도움이 됩니다. 부모가 되는 것처럼 큰 일이 아니더라도 자원봉사를 하거나 친구에게 도움을 주는 등 작은 실천에서 감사하는 마음 기르기는 시작될 수 있습니다.

감사의 덕목은 단순히 좋은 마음을 가지는 것을 넘어 의식적인 노력과 실천을 통해 길러집니다. 일상에서 작은 일에도 감사를 표현하고 다른 사람의 호의를 인정하며 스스로 감사받을 만한 일을 해보는 등 구체적인 실천을 통해 감사의 덕목을 더욱 풍요롭게 발전시킬 수 있지요. 이렇게 함으로써 우리 삶은 더 행복해지고 주변 사람과의 관계도 더욱 긍정적으로 변화할 것입니다.

지금까지 감사의 의미와 가치, 그리고 그 특징을 살펴보았습니다. 우리가 일상에서 자주 사용하는 "고맙습니다"라는 말은 단순한 인사말처럼 보일 수 있지만, 사실은 인격체 대 인격체로 서로를 존중하고 아끼는 마음을 표현하는 중요한 태도입니다. 단순히 형식적으로 감사하는 것이 아니라 그 마음을 진정성 있게 전달할 때 감사의 힘은 훨씬 커지지요. "감사합니다"라는 표현을 인사치레처럼 많이 사용해서 가벼워지면 그 표현의 진정성이 떨어질 수 있고, 반대로 감사해야 할 순간에 이를 표현하지 않으면 사람 간의 따뜻한 소통이 사라질 수 있습니다. 그렇기 때문에 감사의 중용을 잘 찾는 것이 중요합니다.

얼마 전에 뉴스에서 본 사례가 떠오릅니다. 한 아파트 주민이 배달하는 분에게 남긴 쪽지에 관한 이야기였는데요. "배달하시느라 고생이 많으십니다. 이것 좀 드세요! 감사합니다"라는 짧은 메시지 하나로 양쪽 모두가 훈훈하고 아름다운 하루를 보냈다고 하더군요. 그 쪽지 한 장이 단순한 물건 전달에서 끝날 수 있었던 일을 사람 대 사람의 따뜻한 교류로 바꾸어준 것이지요.

요즘은 키오스크나 비대면 배송처럼 사람 간의 직접적인 교

류가 줄어드는 시대입니다. 이런 시대에 접어들면서 감사를 통해 서로 존중하고 아끼는 마음을 표현하는 일이 더욱 중요해졌습니다. 여러분도 감사할 만한 사람들을 떠올려보세요. 그분들에게 감사의 마음을 표현하고, 나아가 다른 사람에게도 감사할 만한 행동을 자주 실천하는 것은 어떨까요? 감사의 태도는 우리의 삶을 따뜻하게 해주고 사람 간의 소통을 더 깊고 의미 있게 만들어줍니다. 지금 이 순간, 감사의 의미를 다시 한번 되새긴 기념으로 일상에서 감사를 실천할 수 있는 작은 일을 찾아보면 좋겠습니다.

3장

효

부모다움에 보답하는 자식다운 마음

부모에게 효도하지 않고는
인간의 도리를 다했다고 할 수 없다.

_공자

"심청이는 아버지를 위해 인당수에 몸을 던졌다." 우리에게 너무나도 친숙한 효녀 '심청이' 이야기입니다. 심청이는 효심으로 아버지의 눈을 뜨게 하기 위해 자신의 목숨을 바쳤습니다. 그렇다면 과연 효란 무엇이며, 우리는 왜 효도해야 할까요? 이번 장에서는 이 질문을 중심으로 '효'에 대해 이야기해보겠습니다.

'효도 관광', '효자 종목' 같은 일상적 표현에서도 알 수 있듯 우리 문화에는 효라는 개념이 깊숙이 자리 잡고 있습니다. 유교 전통에서 전해져 내려오는 '신체발부 수지부모身體髮膚 受之父母'라는 말도 있지요. 이는 '우리의 몸은 부모님께 받은 것이니 소중히 여겨야 한다'는 의미인데, 효가 전통적으로 얼마나 중요한 가치로 여겨졌는지 잘 보여주는 예라고 할 수 있습니다.

효는 왜 중요할까요? 효는 가장 '인간적'인 덕목이라고 할 수 있습니다. 동물들도 모성애나 부성애로 자식을 돌보지만, 자식이 자기 이익과 상관없이 나이 든 부모를 끝까지 돌보는 모습은 인간 외의 동물에게서는 찾아보기 어렵다고 합니다. 다른 동물들은 자신의 생존과 번식이 우선이지요. 따라서 윤리적인 이유로 부모를 돌본다는 효라는 개념은 인간에게서만 찾아볼 수 있으며 그런 의미에서 효야말로 인간을 다른 동물과 구분하는 대표적인 덕목이 아닐까 생각합니다.

왜 지금 효를 이야기할까?

○ 동양과 서양에서의
효의 의미

동양과 서양에서는 효를 대하는 태도가 다릅니다. 우선 우리나라를 비롯한 유교권에서는 효가 특히 강조됩니다. 그러나 전통적으로 효를 강조할 때, 합리적으로 정당화할 수 있는 근거가 충분히 제시되지 않는 경우가 많습니다. 예를 들어 "하늘이 정해준 도리"라든지, "마땅한 천륜"이라는 이유로 효도를 해야 한다는 당위적 주장이 강조되지요. 현대 사회에서 이런 식의 주장은 설득력이 떨어질 수 있습니다. 조부모와 함께 살며 부모가 효도하는 모습을 보고 자라 자연스럽게 효를 받아들이던 시대가 지나고 효도의 당위성을 납득하게 하는 데에도 구체적이고 합리적인 설명이 필요해졌기 때문입니다. 지금은 전통적 권위에 무조건적으로 복종하지 않는 새로운 세대가 들어도 고개를 끄덕일 수 있는 구체적이고 논리적인 설명이 필요합니다.

한편 서양에서는 효 자체가 낯선 개념으로 인식되고 있습니다. 그럼에도 불구하고 대부분의 서양 사람 역시 부모에게 '좋은 자식', 즉 '자식다운 자식'이 되는 것이 중요하다고 생각합니다. 성경에도 '부모님을 공경하라'는 가르침이 나오는 것처럼, 부모와의 관계를 중요하게 여기는 점은 동서양을 막론하고 공통적입니다. 그렇다면 우리는 한 전통에 의존하기보다, 누구나 납득할 수 있는 효의 합리적인 이유를 찾아내는 것이 중요할 것입니다.

이런 점에서 볼 때, 동서양을 넘어 모두가 부모님을 잘 모시고 그들과 좋은 관계를 유지하는 것이 삶의 중요한 부분임을 알 수 있습니다. 그래서 저는 동양에는 바람직한 효의 합리적 근거를 제시하여 정당화 기준을 마련하고, 서양에는 효라는 개념을 설득력 있게 소개함으로써 이 중요한 덕목에 대한 관심을 환기하는 연구의 필요성을 느끼게 되었습니다.

◦ 효에 대한 보편적이고
합리적인 근거를 모색할 필요성

현대 사회에는 효를 고리타분한 덕목으로 여기는 사람도 많습니다. 물론 지금 시대에 유교적 덕목으로서의 효가 전통적인 가르침 그대로 받아들여지기에는 어려움이 있겠지요. 하지만 그렇다고 '부모다움에 대해 보답하는 자식다움'이라는 넓은 의미에서의 효마저도 거부될 필요는 없습니다. 이런 상황이기에 효라는 덕목을 현대에 맞는 방식으로 재해석하여 효의 주체가 되는 자식들도 스스로 납득할 수 있는 근거를 마련하는 일이 절실히 필요합니다. 그래야만 효가 단순히 전통적 덕목으로만 남는 것이 아니라, 오늘날에도 의미 있고 실천 가능한 가치를 지닌 덕목으로 자리 잡을 수 있겠지요. 그렇기에 지금 이 시점에 효가 무엇이며, 왜 필요한지, 그리고 어떻게 실천해야 할지를 다시 한번 이야기해보고자 하는 것입니다.

효란 무엇일까?

우선 '효란 무엇일까?'라는 질문부터 탐구해보아야 합니다. 이를 위해서는 '부모'가 무엇인지 먼저 정의할 필요가 있습니다. 효도란 어디까지나 자식이 부모에게 하는 것이니까요. 우리가 효도를 논할 때 고려해야 할 부모의 의미는 어떤 것일까요?

◦ 부모란 무엇일까?

1. 생물학적 부모

첫 번째로, 생물학적 부모를 후보로 생각해볼 수 있습니다. 이는 일반적으로 '낳아준' 부모를 말하지만 요즘은 사회적 변화와 기술 발달로 인해 그 개념적 고리가 약해지고 있습니다. 예를 들면 입양이나 대리모와 같은 경우처럼 생물학적 부모와 실제로 키워준 부모가 일치하지 않는 상황도 많아졌습니다. 또한 예전에는 낳아준 은혜를 크게 여겼지만 생명 또는 삶이라고 하는 것 자체가 좋기만 한 것인지, 그리고 자식을 낳을 때 부모가 자식을 '위해서'만 낳은 것인지 등 이에 대한 의문이 많이 생겨나고 있지요. 그렇기 때문에 효를 논할 때 생물학적 부모를 중심으로 하기에는 어려움이 있습니다.

2. 법적 부모

두 번째 후보는 호적에 부모 자식 관계로 올라 있는 법적 부모입니다. 법적으로는 부모 자식 관계라 해도 실질적으로는 아무런 교류가 없거나 심지어 원수 같은 사이인 경우도 있습니다. 예를 들어 평생 자녀와 거의 교류한 적이 없는 사람이 단지 법적인 부모라는 점에 근거해 죽은 자식의 금전적인 상속의 권리를 주장하는 경우도 있지요. 이런 사건을 두고 부모 역할을 제대로 하지 않은 부모가 자신의 권리를 주장할 수 있는지에 대해 많은 사람이 부정적인 반응을 보인 바 있습니다. 그러므로 법적 부모는 우리가 다루고자 하는 효에 관한 윤리적 논의와 직접적인 관련이 없다고 할 수 있습니다.

3. 실질적 부모

우리가 '부모'라고 할 때에는 지극히 구체적으로 자녀와 관계를 맺는다 할 수 있는 '실질적 부모'를 일컬을 것입니다. 실질적 부모는 아이에 대한 돌봄과 발달을 목표로 오랫동안 지속적으로 아이와 교류하며, 건강, 안전, 신체적·정서적·지적·도덕적 발달 등에 책임을 지는 존재를 말합니다. 생물학적, 법적 부모가 아니더라도 양부모, 조부모, 보육원 교사 등이 이러한 역할을 했다면 여기서 말하는 부모에 해당한다고 할 수 있습니다.

부모의 역할은 태어났을 때 길러주는 데서 시작합니다. 생물학적인 관점에서 보았을 때 인간은 태어나서 적어도 3년 동안은 누군가의 헌신적인 돌봄이 없으면 살아남기조차 어렵습니다. 우리가 살아 있다는 것은 우리를 먹이고, 재우고, 보살펴주는 누군가의 피나는 노력이 있었다는 것이고, 이러한 역할을 해주는 존재가 바로 부모라고 할 수 있는 것이지요. 부모에게 기대되는 역할은 심신의 보살핌을 제공하고 교육을 시키며, 무엇보다도 따뜻한 마음으로 사랑을 주는 역할입니다. 그리고 이러한 역할을 잘해내는 부모를 '부모다운 부모'라고 부를 수 있습니다. '부모다움'이란 바로 그런 훌륭한 부모가 갖는 덕목을 말합니다.

◦ 효는 부모다움에 보답하는 자식다움이다

효란 '부모다운 부모에 대해 자식이 마땅히 가져야 하는 자식다움'으로 정의할 수 있습니다. 여기서 '○○다움'이란 그 역할을 훌륭하게 수행해내는 품성 상태, 즉 '○○로서의 덕 또는 탁월성'을 말합니다. 우리가 흔히 '효자'(또는 '효녀')라고 부르는 사람들은 부모님을 자식답게 대한다고 할 수 있는 것이지요. 그럼 효를 아는 사람은 부모님을 어떻게 대해야 할까요? 우선 부모님께 사랑과 감사, 존경의 마음을 표현하는 것이 중요합니다. 물론 물질적·금전적으로 부모님을 잘 모시고 부모님의 말씀을 잘 따르는 것도 중요한 점이겠지요. 또한 부모님께 자주 연락드리고 소통하는 것도 효자의 중요한 특징입니다. 심지어 부모님이 돌아가신 후에도 효심을 간직하고 표현하는 것 역시 효의 특징이라 할 수 있습니다.

효의 가치는 어디에 있을까?

지금까지 효의 정의를 간략하게 살펴보았습니다. 이제 효의 가치는 어디에 있는지, 우리가 왜 효도해야 하는지에 대해 이야기해보겠습니다.

1. 사회적 차원

우선 효는 사회를 안정적으로 유지하는 데 중요한 기능을 해왔습니다. 과거에는 노인이 되어 혼자 살기 어려워진 상황에서 자식들이 부모를 부양하는 역할을 했지요. 그런 의미에서 '효'를 강조하는 윤리는 사회보장 차원의 안전망으로 작용한 것입니다. 하지만 현대 사회에서는 부모와 자식이 따로 살거나 부모가 자식이 없는 채로 나이 드는 경우가 많아 효를 통해 사회보장적 기능을 충분히 수행하지 못하는 상황입니다.

또한 효는 사회적 제도로 강제하기에 부적절한 면이 있습니다. 예를 들어 중국에서는 노인의 복지를 보장하기 위해 '노인권익보장법', 이른바 '효도법'을 도입하여 자식들이 나이 든 부모를 부양하고 정기적으로 방문해야 할 의무를 법으로 정했습니다. 그러나 이러한 법이 실효성이 있는지, 그리고 아름다운 덕목을 법으로 강제하는 것이 아름다움을 퇴색시키는 것은 아닌지에 대한 논란이 있습니다. 즉 효에는 노인을 부양하는 사회적 기능이 있지만 현대적 상황에서는 예전과 같은 수준의 사회보장적 기능을 수행하기 힘들어졌고 이러한 기능만으로는 효가 윤리적 덕목으로서 갖는 가치를 온전히 포착하지 못한다고 할 수 있겠지요.

2. 이해타산적 차원

효의 가치는 개인적 차원에서도 찾아볼 수 있습니다. 먼저 이해타산적 관점에서 본다면 효도는 자식 입장에서 어떤 이득이 있을까요? 우선 대부분의 경우 자식 입장에서 부모와의 관계는 삶의 매우 중요한 부분을 차지합니다. 그렇기 때문에 그 부모와 원만한 관계를 유지하면 정서적 안정을 얻을 수 있고 삶에서 중요한 인간관계가 잘 유지되면 삶의 만족도도 상승합니다.

또한 부모에게 효도하는 것은 자존감을 높이는 데도 도움이 됩니다. 부모는 여러 가지 의미에서 지금의 나를 있게 한 존재입니다. 나를 낳아주고 키워주고 가르쳐준 분들이니까요. 그렇기에 나의 존재 근거로서 부모에 대한 사랑과 존경은 자신에 대한 사랑과 존중으로 이어집니다. 자존감이 높은 사람이 자신이 나온 학교나 출신지 등 자기 역사의 원천에 대해 함부로 비하하지 않고 자부심을 느끼듯, 부모님께 효도하는 것은 자아를 위한 일이기도 합니다.

3. 도덕 발달적 차원

효는 덕의 뿌리이며 모든 윤리적 가르침은 거기에서 자라난다.

_《효경》

나아가 도덕 발달적 차원에서도 효는 중요한 역할을 합니다. 동양의 오랜 전통에서 마땅히 지켜야 할 여러 덕목 가운데 효를 얼마나 중요하게 여겼는지 위와 같은 말을 통해 알 수 있지요. 우리의 도덕성은 부모님과 주고받는 사랑과 공감에서 자라나며 이는 다른 사람에게도 도덕적인 사람이 될 수 있는 기초가 됩니다. "사랑은 받아본 사람이 줄 줄도 안다"는 말이 여기에도 적용되는 것이지요. 이렇듯 부모와의 관계에서 배운 공감과 사랑은 더 넓은 사회에서도 도덕적으로 행동할 수 있는 기반이 됩니다.

효가 사회적, 개인적 차원에서 어떤 기여를 할 수 있는지를 살펴보았고, 이제부터는 효의 윤리적 가치를 이야기해보겠습니다.

인간이 저지를 수 있는 모든 범죄 중에서 가장 끔찍하고 본성에 어긋나는 범죄는 바로 배은망덕이며 특히 부모에게 저지른 경우에는 더욱 그렇다.

_데이비드 흄

영국의 철학자 데이비드 흄이 남긴 이 말은 상당히 무겁게 다가옵니다. 서양철학자의 말인데도 얼핏 들으면 공자님 말씀으로 들릴 만큼 '불효'의 패륜적 성격을 강조하고 있습니다. 아마도 많은 분이 이 말에 공감할 거라 생각합니다. '패륜아'라는 말이 가장 나쁜 사람을 가리키는 단어로 사용되고 있고 특히 우리나라에서는 자식 된 도리를 다하기는커녕 심각하게 배반하는 이들을 비도덕적인 사람의 전형으로 여기고 있으니까요. 그만큼 효는 윤리적 차원에서도 중요한 가치를 지닙니다.

지금까지 효가 갖는 가치를 여러 차원에서 살펴보았습니다. 효는 사회적으로 노인들의 복지에 도움이 될 수 있고, 개인의 행복과 도덕 발달을 위해 큰 역할을 하며, 무엇보다 윤리적인 사람이라면 반드시 갖추어야 할 덕목에 해당된다는 점에서 그 가치를 알 수 있습니다. 이쯤이면 "내가 왜 효도를 해야 돼?"라고 묻는 사람에게 어느 정도 대답이 되었을 것이라고 생각합니다.

효의 윤리적 근거는 무엇일까?

이제부터는 효의 윤리적 차원에 대해 더 깊이 이야기해보겠습니다. 효도가 윤리적으로 마땅히 해야 할 일이라면 그걸 뒷받침하는 근거는 무엇일까요? "부모니까 당연히 효도해야지!"라는 근거 없는 강요는 합리적인 사고를 지향하는 세대에게 더 이상 통용되지 않을 것입니다. 효의 윤리적 근거에 대해서는 여러 이론이 제시되고 있습니다. 그중 대표적인 입장들을 통해 왜 효도를 해야 하는지에 대해 다각도로 살펴보겠습니다.

○ 빛 이론:
부모에게 진 빛을 갚아야 한다

첫 번째 입장은 **빛 이론**입니다. 이 입장은 부모가 자녀에게 생명, 양육, 물질적 지원 등 많은 것을 베풀었기 때문에 자녀는 그 빛을 갚아야 할 의무가 있다고 주장합니다. 이는 채권자와 채무자의 관계처럼 부모의 은혜를 갚아야 한다는 주장이지요. 우리에게 받은 게 있으면 그만큼 돌려주어야 한다는 것은 상식적이고 일반적인 윤리 원칙이라고 할 수 있습니다. 이렇게 널리 받아들여진 원칙을 그대로 부모 자식 관계에 적용한 만큼 그 근거를 받아들이기 어렵지 않다는 장점이 있습니다.

하지만 빛 이론이 효의 근거를 제대로 포착한 것인지에 대해서는 의문이 남습니다. 우선 부모 자식 관계는 단순히 채권자와 채무자의 관계와 다릅니다. 받은 것의 종류와 양에 따라 전적으로 결정되지 않기 때문이지요. 예를 들어 채무 관계의 경우 백만 원을 빌렸다면 (물론 이자까지 쳐서) 백만 원을 채권자에게 돌려주어야 할 테지만 부모에게 받은 사랑과 양육을 정확히 같은 방식으로 되돌려드릴 수는 없습니다.

또한 그 '빚'을 갚으려고 해도 부모님께 받은 부분에는 비대칭적이고 되돌릴 수 없는 영역이 많아 그대로 갚아드릴 수가 없습니다. 예를 들어 부모는 자식을 낳아주고 어린 시절 훈육을 통해 가치관 형성에 도움을 주지요. 하지만 그렇다고 자식이 부모를 낳아드리거나 훈육을 통해 가치관 발달을 도와드릴 수는 없는 노릇입니다.

무엇보다도 이런 '주고받기' 식의 타산적 논리로는 바람직한 부모 자식 관계를 포착하기 어렵습니다. 빚을 지고 갚는 채무 관계와 달리 부모 자식 관계는 이해타산적 고려가 아닌 서로에 대한 사랑과 배려에 기반해야 하기 때문입니다. 이러한 이유로 부모의 은혜를 빚으로 여기는 빚 이론을 그대로 받아들이기는 어렵습니다.

○ **감사 이론:**
효도는 마땅한 감사의 표현이다

두 번째 입장인 **감사 이론**은 자식은 호의로 좋은 것을 베풀어준 부모에게 마땅히 감사를 느끼고 표현해야 하기에 효도가 요구된다고 주장합니다. 우리에게는 기본적으로 "누군가가 호의로 좋은 것을 베풀었다면, 그 사람에게 감사를 느끼고 표현하는 것이 마땅하다"라는 생각이 있지요. 이런 원칙을 부모 자식 관계에 적용한 것입니다. 부모는 낳아주고 키워준 것만 해도 자식에게 많은 것을 베풀어주었다고 봐야 할 것이고, 그렇기에 자식은 이에 상응하는 감사의 태도와 행동으로 효도해야 한다는 입장이지요.

감사 이론은 빚 이론과 달리 받은 만큼 계산하여 돌려주어야 한다는 타산적 논리에 근거하고 있지 않습니다. 누군가가 우리에게 친절한 일을 했을 때, 반드시 그에 상응하는 가치를 돌려주지 않아도 감사의 마음을 표현할 수 있다고 보는 것이지요. 예를 들어 친구가 이삿짐 나르는 일을 도와주었다면 그에 대한 감사의 뜻으로 똑같이 친구의 이사를 도와주는 대신, 근사한 저녁을 대접할 수도 있을 것입니다. 이런 점에서 감사 이론은 은혜를 빚으로 보는 빚 이론의 난점을 보완할 수 있습니다.

하지만 감사 이론에도 몇 가지 어려운 점이 있습니다. 첫 번째 의문은 "자식은 부모의 은혜를 받기로 자발적으로 선택한 것이 아닌 데도 감사해야 할까?"입니다. 부모에게는 자식을 제대로 기를 의무가 있다고 한다면, 이 의무는 대부분의 경우 부모의 자발적인 선택과 행위에 따른 것입니다. 하지만 자식에게 효도의 의무가 있다면, 이것은 자식의 선택에 의한 것이 아닌 타율적으로 주어진 것이라고 볼 수 있습니다. 태어나기를 선택해서 태어나는 사람도, 태어날 때 부모를 선택하는 사람도 없을 테니까

요. 드라마에서 자주 등장하는 극단적인 예를 들어보겠습니다. 부모님이 "내가 널 어떻게 키웠는데!"라고 외치면, 자식은 "제가 언제 키워달라고 했어요?"라고 반박하는 장면이 있습니다. 여기서 자식의 반박은 자기가 자발적으로 이 관계에 들어온 것이 아니라는 점을 강조하는 것입니다. 버릇없어 보일 수도 있지만 어느 정도 일리는 있습니다.

또 다른 반론은 자식을 돌보는 것이 부모의 마땅한 의무라면 왜 굳이 감사해야 하는가에 대한 의문입니다. 감사는 일반적으로 의무 이상의 행위에 대한 적절한 반응이라는 입장이 있으니까요. 예를 들어 친구가 빌려간 돈을 갚았을 때 "갚아줘서 고마워!"라며 감사하는 것은 적절하지 않습니다. 꾸어 간 돈을 갚는 것은 당연한 의무이니까요. 하지만 내가 우울해하고 있을 때 친구가 힘내라며 밥을 사주었다면 고마움을 느끼고 표현하는 것이 적절합니다. 친구는 안 해도 되는 일을, 즉 의무 이상의 호의를 나에게 베풀어준 것이니까요. 이런 의미에서 부모가 자식을 키우는 일이 의무 이상의 일이 아니라면 의무에 따른 행위에 대해 왜 감사를 표현해야 하는가에 대한 의문이 제기될 수 있습니다.

○ 우정 이론:
효의 근거는 부모와 자식 사이에 존재하는 우정이다

이번에 살펴볼 입장은 **우정 이론**입니다. 이 이론에 따르면 효도의 근거는 부모와 자식 사이에 존재하는 우정에 있습니다. 빚 이론이나 감사 이론이 무엇인가를 받았기 때문에 그걸 갚거나 보답해야 한다는 개념에 기초한다면 우정 이론은 부모와 자식 간의 깊은 우정 또는 우의에 기반합니다. 즉 효도의 근거는 과거에 받은 은혜나 호의가 아니라 현재의 부모님과 자식 관계에 있다고 보는 것이지요. 우리 정서상 부모님과의 '우정'이라고 말하면 어색할 수 있지만 서로 사랑하고 아끼는 '친애' 정도로 이해하면 좋을 것 같습니다.

우정 이론은 친구 관계처럼 현재 형편이 되는 만큼 주고받는 상호성이 중요하다고 봅니다. 상황에 따라 우정을 어떻게 표현하는지는 유연하게 변화할 수 있습니다. 진정한 친구라면 친구가 어려울 때 기꺼이 발 벗고 나서서 도와줄 것입니다. 하지만 어떤 방식으로 도와줄지는 상대의 필요와 본인의 형편에 따라 달라질 수 있습니다. 금전적으로 도와줄 수도 있고 정서적으로 위로해줄 수도 있고 그저 곁에 있음으로써 힘이 되어줄 수도 있지요. 여기서 중요한 건 이렇게 상대를 위하는 마음과 행동이 과거에 받은 빚이나 은혜 때문이 아니라 현재의 관계 때문이라는 사실입니다. 이 점에서 우정 이론은 부모와 자식은 받은 것을 돌려주는 관계라기보다는 현재의 친애로부터 자연스럽게 우러나오는 동기에서 아끼고 돕는 것이라는 사실을 잘 포착하고 있습니다.

하지만 이 이론에도 몇 가지 한계가 있습니다. 우선 자식 입장에서 효도의 의무는 부모와 사이가 나빠지거나 소원해지더라도 쉽게 회피할 수 없는 반면, 친구 관계는 다툼 이후 "너와는 절교야!"라고 선언하면 더 이상 서로에게 지는 의무가 없다고 할 수 있지요. 하지만 부모의 은혜를 생각한다면 친구 사이와 달리 이렇게 쉽게 절연하고 효도의 부담에서 벗어날 수 있을 것 같지는 않습니다.

또한 부모 자식 관계는 아무리 친밀하더라도 친구 관계와는 여러 면에서 다릅니다. 예를 들어 권위, 자율성, 독립성 등의 측면에서 부모와 자식은 동등하지 않지요. 또한 친구의 경우와 달리 자식은 자발적으로 부모와의 관계를 맺은 것이 아니기 때문에 우정 이론만으로는 효도의 윤리적 근거를 제시하기에 무리가 있습니다. 이처럼 빚, 감사, 우정에 근거를 둔 효 이론들은 각각의 한계를 가지고 있습니다.

관계적 덕목으로서의 효란 무엇일까?

지금까지 살펴본 이론들은 효를 의무로 보았습니다. 하지만 효를 의무가 아닌 덕목으로 보아야 그 참된 의미와 가치를 포착할 수 있을 것 같습니다. 왜냐하면 효의 과정을 살펴볼 때 부모님이 사랑과 정성으로 자식을 돌보고 기르면 자식은 자연스럽게 감사와 존경과 사랑의 마음을 갖게 되고, 바로 이러한 덕스러운 마음이야말로 효의 진정한 근거가 될 수 있기 때문입니다.

미국의 철학자 P. J. 아이반호는 이러한 말을 남겼습니다.

> 자녀가 효라는 덕목을 갖추기를 희망할 수는 있어도 요구할 수는 없다.
>
> _P. J. 아이반호

즉 부모는 자식이 효도해주기를 바랄 수는 있지만 "너는 나에게 효도해야 한다!"라며 강요할 수는 없다는 것이지요. 효를 의무로 해석하면 마음에서 자연스럽게 우러나온 것으로서 효가 갖는 본질을 흐릴 수 있기 때문에 효는 덕목으로 이해해야합니다. 그렇다면 효는 어떤 종류의 덕목일까요? 저는 효를 **관계적 덕목**relational virtue의 대표적인 사례로 보아야 한다고 생각합니다.

○ 효는
관계적 덕목이다

'관계적 덕목'이란 친밀한 관계에서 바람직한 구성원이 되기 위해 갖춰야 할 덕목이라고 할 수 있습니다. 쉽게 말해 친구 관계에서는 '좋은' 친구가 되도록 해주고 부모 자식 관계에서는 '좋은' 부모나 '좋은' 자식이 되도록 해주는 덕목을 말하지요. 즉 친구다움, 부모다움, 자식다움 등이 그 예가 될 수 있습니다. 친구 관계나 가족 관계 같은 친밀한 관계는 우리의 삶에서 매우 중요한 요소입니다. 그런데 여러분이 보고 듣고 겪은 친구와 가족을 떠올려보면 모든 친밀한 관계가 항상 바람직하거나 이상적인 것은 아님을 알 수 있을 겁니다. 어떤 친구는 남보다 못하고 어떤 가족은 원수처럼 느껴질 수도 있지요. 친밀한 관계의 '좋은 예', 즉 바람직한 사례가 되는 관계는 그 구성원이 적절한 관계적 덕목을 갖춘 관계입니다. 바람직한 부모 자식 관계는 '부모는 부모답고 자식은 자식다운 관계'가 되겠지요. 따라서 효는 '자식다움'에 해당되는 관계적 덕목이라고 할 수 있습니다.

관계적 덕목은 부모 자식 관계와 같은 특정한 관계를 언급하지 않고는 이해될 수 없습니다. 부모 자식 관계가 무엇인지 모르는 사람은 효라는 개념도 이해할 수 없겠지요. 관계적 덕목의 함양과 발휘 역시 특정 관계에서만 이루어질 수 있습니다. 예를 들어 길에서 만난 낯선 어르신에게 아무리 잘해드린다 해도 '공경'의 덕목을 발휘할 수는 있어도 '효'를 발휘할 수 없습니다. 이런 의미에서 관계적 덕목으로서의 효는 '부모의 부모다움에 대한 마땅한 반응으로서 요구되는 자식의 자식다움'이라고 정리할 수 있습니다. 즉 관계적 덕목이라는 견해에 따르면 효의 윤리적 근거는 곧 부모의 부모다움에 근거를 두고 있는 것입니다.

이렇게 이해된 관계적 덕목으로서의 효는 선의, 정의, 관대함 등 상대가 누구든 관계없이 베풀 수 있는 일반적 덕목과 다른 특징들이 있습니다. 지금부터는 그 특징들을 좀 더 자세히 살펴보겠습니다.

1. 효는 특정한 사람에게만 적용된다

우선 효의 특수성을 들 수 있습니다. 효는 특정한 사람, 즉 부모에게만 적용됩니다. 여러분도 눈을 감고 부모님을 떠올려보세요. 지금 떠올리신, 여러분과 부모와 자식이라는 친밀한 관계를 맺고 있는 그 특정한 분들에게 자식다운 자식이 되는 것이 효입니다. 그 대상은 다른 사람으로 대체할 수 없으며 그런 의미에서 특수성을 지닙니다. 또한 부모에 해당하는 각 개인이 가지고 있는 성향, 욕구, 능력, 기대, 그리고 자식과의 관계의 특징에 따라서도 적절한 효의 방식이 달라집니다. 이렇듯 개별적인 여건에 따라 달라질 수 있다는 점 역시 관계적 덕목이 갖는 특수성이라고 할 수 있습니다.

2. 부모를 향한 마음은 각별하다

효의 또 한 가지 특징은 특별성입니다. 한마디로 효의 대상인 부모는 자식에게 '특별'한 존재라는 것이지요. 우리는 부모님과 같이 특별한 관계에 있는 대상을 그렇지 않은 낯선 사람보다 우선시합니다. 예를 들어 우리는 부모님과 낯선 사람이 동시에 물에 빠지면 먼저 부모님을 구하려는 마음이 들고 또 그렇게 하는 것이 마땅하다고 생각합니다. 또한 효심이 있는 사람이라면 부모님께는 낯선 타인에게 느끼지 않는 특별한 애정을 느끼기도 합니다. 부모님 생신 파티에는 가지만 낯선 사람의 생일 파티에는 가지 않는 것 역시 효가 관계적 덕목으로서 갖는 특별성을 보여줍니다.

3. 좋은 관계는 혼자 만드는 게 아니다

마지막 특징은 의존성입니다. 관계적 덕목의 목적은 좋은 부모 자식 관계를 형성하고 그 관계 속에서 긍정적인 주고받음을 이루는 것이지요. 이러한 바람직한 관계를 만들기 위해서는 자식의 자식다움이 부모의 부모다움에 의존하는 면이 있습니다. 자식이 아무리 자식답게 효도하려고 해도, 부모가 부모답지 않다면 그 관계는 이상적인 것과 거리가 있습니다. 예를 들어 자식이 부모에게 존경과 사랑을 표현하려 해도 부모가 자식에게 무관심하거나 부당하게 대한다면 그 관계는 이상적이라고 할 수 없으니까요. 그런 의미에서 자식다움, 즉 효와 부모다움은 상호 의존적입니다.

현대의 효는 무엇이 달라져야 할까?

지금까지 효란 무엇이며 효도해야 하는 윤리적 근거는 무엇인지 살펴보았습니다. 그런데 전통적 덕목으로 여겨지는 효를 현대 사회에 적용하려면 예전과는 다른 관점에서 바라보아야 합니다. 이제부터는 효가 현대 사회에서 제대로 받아들여지고 적용되기 위해 어떤 부분을 고려해야 하는지 이야기해보겠습니다.

우리는 예전과는 많은 부분이 달라진 시대에 살고 있습니다. 과거에는 효도에 관해 부모님의 의견에 순종하거나 '삼년상'과 같은 전통적인 예법을 준수하는 것에 큰 의미를 두었지만, 현대 사회에 이러한 효도의 방식을 그대로 적용하는 데에는 무리가 있지요.

현대 사회의 효는 적극적인 소통과 협력이나 상호 존중이 중요한 요소로 자리 잡았습니다. 그렇다면 현대의 효가 어떻게 달라져야 하는지를 알아보기 위해 지금 우리 사회의 특징을 먼저 살펴보겠습니다.

◦ 현대 사회의 특징

1. 다양해진 가족 형태

우선 가족의 형태가 과거에 비해 다양해졌습니다. 예전에는 조부모, 삼촌, 부모, 여러 형제가 함께 사는 대가족이 일반적이었지만, 이제 이런 형태의 가족은 찾아보기 어렵지요. 부모와 자식만 같이 사는 핵가족 시대도 이제 저물고 있으며 다양한 형태의 가족이 등장하고 있습니다. 생물학적인 부모가 아닌 경우도 있고, 부모가 없는 경우도 있으며, 더 이상 부모와 함께 살지 않는 경우도 많습니다. 요즘에는 늘어난 '혼밥' 식당이 보여주듯 1인 가구의 수도 많이 늘었습니다.

이러한 다양성은 기존의 가족 형태를 넘어서며, 이에 맞추어 효에 대한 논의도 소위 '정상 가족' 중심의 사고방식을 넘어 다양한 유형의 가족에 적용될 수 있는 새로운 관점에서 고려해야 합니다. 조손 가족, 동거 가족, 보육원에서 자라는 아이들 등 다양한 맥락에서도 효의 의미를 살펴볼 필요가 있는 것이지요.

2. 각자도생의 사회

현대에 두드러진 또 하나의 특징으로 개인주의가 있습니다. 예전에 비해 개인주의적 가치관이 강해지면서 개인의 행복과 자유가 중시되고, 가족 간의 끈끈한 유대관계도 약해지는 경향이 나타나고 있습니다. 물론 어느 세대나 개인의 행복을 중요하게 여겨왔습니다. 하지만 요즘 세대는 특히나 자유로운 선택과 개성적인 삶을 추구하는 만큼, 부모 자식 간이나 부부 관계에서도 이전처럼 서로 깊게 관여하거나 개입하는 것에 대해 어려움을 느끼거나 덜 중요하게 여기는 경우가 많습니다.

이런 사회적 변화를 고려할 때, 현대의 개인주의적 가치관과도 조화를 이룰 수 있도록 효에 대한 새로운 접근이 필요합니다. 각자의 자유와 독립성을 존중하면서도 효를 실천할 수 있는 방안을 모색하는 것이지요. 예를 들어 물리적인 돌봄만이 아니라 부모의 삶을 인정하고 존중하며 서로의 삶에 건강한 거리를 유지하면서도 정서적으로 지원하는 효 개념으로 접근할 수 있을 것입니다.

3. 전통과 권위에 무조건적으로 따르지 않는 세대

또 하나 주목할 점은 위계질서의 약화입니다. 예전에는 전통과 권위에 의존해 효를 강조하더라도 어느 정도 수용되는 분위기였지만, 오늘날에는 젊은 세대도 고개를 끄덕이며 납득할 수 있는 합리적 근거가 필요합니다. 단순히 "어디서 엄마한테 말대꾸야!"와 같은 공연한 권위 행사로는 설득력을 지니기 어려운 상황이 된 것이지요. 이제 '말대꾸' 자체가 잘못이 되는 시대는 지나고 부모와 자식 간에도 서로를 존중하는 합리적 소통이 중요해진 것입니다. 과거에는 부모에게 반박하는 것이 나쁜 행동으로 여겨졌다면, 오늘날에는 자식이 납득할 수 있는 방식으로 이야기할 필요가 생긴 것이지요. 이를 통해 부모와 자식 간에도 이해와 신뢰를 기반으로 한 소통을 형성할 수 있고, 이런 방식을 통해서도 충분히 효의 가치를 전달할 수 있습니다.

○ 현대 사회에 효를 적용할 때 고려할 점

1. 부모가 먼저 부모다울 때 비로소 자식다움을 기대할 수 있다

이렇듯 현대 사회는 과거와 다른 특징을 가지고 있기 때문에 효를 적용할 때 시대의 변화에 맞추어 고려해야 할 점이 있습니다. 첫 번째는 효가 상호적이어야 한다는 것입니다. 과거에는 부모 자식 관계가 형성된 것만으로 자식이 부모에게 무조건 효를 다해야 한다는 식의 강압적 요구가 있었지요. 그러나 이제는 이런 질문을 던질 수 있습니다. "부모가 여러 면에서 부모답지 못하더라도 자식은 자식이라는 이유만으로 효를 다해야 하는 걸까? 나쁜 부모라도 부모이기만 하면 효도를 받을 자격이 저절로 생긴다고 보아야 할까?" 합리적인 관점에서 봤을 때 이런 일방적인 효도의 강요는 납득하기 어렵습니다.

그런 점에서 효의 근거는 일방적인 요구가 아니라 상호적인 관계에서 마련되어야 합니다. 즉 부모가 부모다운 행동과 태도를 보여주어야 비로소 자식의 자식다운 효도를 기대할 수 있는 것이지요. 부모 자식 관계의 경우 돌봄을 받는 어린 시절에는 자식다운 역할을 온전히 할 준비가 되어 있는 것은 아니기에, 부모가 먼저 부모다운 모습을 보임으로써 자식이 자연스럽게 공경하고 따를 수 있도록 해야 하는 것입니다. 모든 적절한 관계에서 그렇듯 부모 자식 관계에도 먼저 부모다워야 자식다움을 바랄 수 있다는 상호성을 고려해야 합니다.

2. 자식의 자발적인 선택이 존중되어야 한다

효를 실천하는 맥락에서 자율성을 존중하는 것 역시 매우 중요합니다. 개인의 자율성은 자신의 삶을 합리적으로 선택하고 그 방향을 스스로 결정할 수 있는 능력이라 할 수 있지요. 다른 관계와 마찬가지로 부모 자식 관계에서도 자식이 자신의 의사를 자유롭게 표현하고, 자발적으로 결정하는 과정에서 효가 자연스럽게 발휘될 수 있어야 합니다.

특히 자식이 어느 정도 성장한 이후에도 부모의 명령에 무조건 순종하도록 요구하는 것은 자율성을 심각하게 침해할 수 있습니다. 자식이 어리다 하더라도 자식은 부모가 마음대로 좌지우지할 수 있는 소유물이 아닙니다. 오히려 훗날 독립적으로 살아갈 수 있는 자율성을 길러주는 단계라고 이해하는 편이 더 적절하지요. 그러나 부모들 중에는 아이들이 자신이 원하는 방향이나 자신이 생각하기에 더 좋은 방향으로 살도록 강요하는 경우가 있습니다. 이러한 태도를 자식이 장성한 이후에도 유지하게 되면 종종 갈등의 씨앗이 되고는 하지요.

그러나 자율성이 억압된 위계질서 속에서 강요된 효는 그 본연의 아름다움을 잃게 될 것입니다. 어디까지나 자식이 자유로운 개인으로서 자발적으로 부모에게 실천할 수 있어야 효 역시 합당하면서도 아름다운 미덕으로 남을 수 있을 것입니다.

3. 상황과 관계에 따라 효의 방식은 달라질 수 있다

마지막으로 효의 실천에서 고려해야 할 점은 유연성입니다. 효의 방식은 시대에 따라, 문화에 따라, 그리고 상황에 따라 달라질 수 있습니다. 명절마다 방문하거나 어버이날 카네이션을 달아드리는 전통적인 방식만이 유일한 효의 표현이라고 할 수는 없지요. 각자의 상황에 맞춰 효의 형태도 달라져야 한다는 것입니다.

다시 말해 사회적 통념에 맞추기보다 부모님의 기대, 자식의 경제적 상황, 자녀와의 물리적 거리, 정서적 거리감 등을 고려하여 그에 맞는 유연한 방식으로 효를 실천할 필요가 있습니다. 예를 들어 명절에 무리해서 먼 거리를 가로질러 방문하기보다 부모님과 충분한 대화를 나눈 후 그 비용으로 여행을 보내드리는 편이 서로에게 더 좋은 효의 실천일 수도 있겠지요. 또 꽃은 비싸고 금방 시들어 별로 안 좋아하시는 부모님께는 카네이션 대신 좋아하실 만한 책이나 취미 용품에 감사의 마음을 담아 선물하는 것이 더 의미 있는 효도일 수 있습니다. 특정한 관계 유형의 규범에 대한 고정관념 때문에 생긴 소모적 고민과 논쟁으로 서로 피곤해지기보다 당사자 개인 간의 소통과 이해가 더 중요한 것입니다.

'부모님 생신 때는 이걸 해야 된다'든가 '자식된 도리로 이걸 안 하면 안 된다'든가 하는 쓸데없는 참견은 돈독한 부모 자식 관계를 멀어지게 할 위험마저 있습니다. 부모님 특유의 성격이나 성향을 효도의 맥락에서 고려해보는 것도 도움이 될 수 있습니다. 예를 들어 내향적인 성향의 어머니가 있다면, 많은 사람이 모이는 환갑잔치보다는 조용한 해외 여행이 더 적합한 선물일 수 있습니다. 미리 짜놓은 계획을 중시하는 성향의 아버지께는 자식의 갑작스러운 깜짝 방문이 오히려 당황스럽게 느껴질 수도 있지요. 이처럼 각자가 처한 상황과 성향에 따라 유연하게 실천하는 것이야말로 효라는 덕목을 우리 시대에 맞게 발휘하는 방법이 될 수 있습니다.

인생의 시기에 따라 효는 어떻게 달라져야 할까?

지금까지 달라진 시대에 따라 효의 실천이 어떻게 달라져야 하는지에 대해 살펴보았습니다. 이제부터는 개인의 인생 시기에 따라 효의 모습이 어떻게 달라져야 하는지 이야기해보겠습니다. 우리는 아이로 태어나 어른이 되었다가 노인이 되고, 부모님도 언제까지나 젊고 건강한 모습으로 곁에 계실 수 있는 건 아니지요. 이렇듯 자식과 부모의 모습은 인생의 시기에 따라 변하고 부모 자식 관계 역시 그에 따라 달라질 수밖에 없습니다. 그렇기에 인생의 시기마다 효가 어떠한 방식으로 달라져야 하는지에 대해 살펴보는 일은 매우 중요합니다.

1. 어린 시절의 효

우선 어린 시절의 효를 살펴볼까요? 이때는 아직 자식이 신체적·정신적으로 미성숙한 상태이기 때문에 부모에게 여러 면에서 크게 의존해야 합니다. 밥도 얻어먹고 보살핌도 받아야 하며 울 때는 달래줄 사람이 필요하지요. 그런 점에서 이 시기의 자식은 부모와 동등한 관계라고 말하기 어렵습니다. 이때는 본격적으로 효도를 하는 시기라고 하기보다는 성숙한 효를 함양해나가는 준비 과정이라고 보아야 합니다.

이 단계에는 부모의 역할이 매우 큽니다. 자식이 효를 자발적으로 실천하기에 너무 어리기 때문에 부모가 부모다운 모습을 보여서 자식의 효가 우러나올 수 있도록 도와주어야 하지요. 지속적으로 챙겨주고 잘해주고 사랑해주는 부모 밑에서 자식은 신뢰를 배우고 감사를 배우고 사랑을 배웁니다. 이런 덕목들은 물론 좋은 사람이 되기 위해 반드시 필요하지만 효를 함양하기 위한 밑거름이 되어주기도 합니다. 잘 이끌어주는 부모 밑에서 효를 아는 자식이 나옵니다. 이런 의미에서도 좋은 자식은 좋은 부모에게서 나오는 것이라고 할 수 있지요.

어린 시절의 효는 '좋은 의존자'로서 잘 의존하고 따르는 법을 배우고 실천하는 것이 중요합니다. 부모가 가르치는 대로 잘 따르고 부모에게서 많은 것을 배우려고 노력해야 하지요. 무엇보다도 잘 먹고 잘 지내고 행복하게 '사는' 것이 이맘때 가장 중요한 효입니다. "네가 잘 먹고 잘 사는 것이 진짜 효도란다!"라고 말씀하시는 부모님들이 계신데, 이는 어린 시절에 더욱 들어맞는 말 같습니다. 나중에 커서 자존감이 떨어질 때, '응가'만 잘하고 밥만 잘 먹어도 부모님께 칭찬받던 그 시절을 떠올려보면 도움이 되겠지요. 한마디로 어린 시절에는 부모님이 주시는 걸 잘 받고 감사한 마음을 기르며 행복하고 즐겁게 지내는 자체가 효의 중요한 요소라고 할 수 있습니다.

2. 어른이 되었을 때의 효

자식은 부모의 보살핌 아래서 성인으로 성장하며 점점 더 자립적인 존재로 변모하게 됩니다. 그렇게 되면 자율적인 성인으로서 조금씩 경제적·물질적·정서적으로 독립하게 되고 부모님과 더욱 동등하고 균형 잡힌 관계를 형성하게 되지요. 성인이 되면 대등한 관계에서 효를 실천하기 때문에 어릴 때처럼 받기만 하는 입장을 넘어서 그때까지 쌓인 부모님의 은혜에 조금씩 보답해야 할 상황이 됩니다. 한마디로 어릴 때 효도는 잘 자라 주는 것이라면 자란 뒤 효도는 잘 자라게 해주심에 감사하는 것이지요.

그런 '은혜 갚음'으로서의 효는 여러 형태를 띱니다. 자식의 형편에 맞는 선에서 부모님께 물질적·경제적으로 도움을 드리는 것도 예가 될 수 있지요. 우선 대학 등록금이나 취식 준비에 드는 돈 등으로 부모님께 손을 벌리는 일을 줄일 수 있습니다. 그러다가 장학금 수혜나 취직 등을 통해 경제적으로 독립하고 나아가 도움까지 드릴 수 있는 상태가 되는 것이 이런 형태의 효도를 준비하는 단계가 될 것입니다. 물론 사람마다 경제적 상황은 다르기 때문에 너무 무리하기보다는 자신의 형편과 부모님의 필요에 맞추어서 소액의 생활비나 특별한 선물 등을 통해 부모님의 삶을 돕는 일이 적절한 효도가 될 것입니다.

어쩌면 더 중요하고 더욱 대체 불가능한 효의 형태는 정신적인 효도입니다. 애초에 부모님과 자주 대화하고 소통해야지 부모님께 어떤 것이 필요하고 무엇이 좋은지 제대로 파악할 수 있을 것입니다. 자식이 부모님의 생활이나 건강 상태에 대해 잘 파악하고 부모님의 가치관과 감정을 존중하는 관계를 유지하는 것은 바람직한 효의 기본이겠지요. 때로는 물질적인 효도보다 잦은 방문과 통화를 통해 사랑과 감사의 마음을 전달하는 것이 더 큰 효도일 수 있습니다. 자식도 성인이 되었기 때문에 친밀한 관계 속에서 서로의 고민을 터놓고 주고받는 것도 효의 한 형태가 될 수 있지요. 다른 사람이 아닌 자기 자식이 자주 찾아오고 연락한다면 부모님은 누구에게서도 느낄 수 없는 보람과 기쁨을 느낄 수 있습니다.

안타깝게도 어린 자식이 장성함에 따라 부모님은 점점 노쇠하게 되고 나중에는 부모님이 자식에게 점점 더 의지해야 하는 상황이 됩니다. 동등한 관계를 넘어 우리가 어릴 때 보살핌을 받았듯 부모님을 돌보는 효도가 필요해지는 시기가 찾아옵니다.

어떤 부분에서 도움이 필요하신지를 잘 파악하여 든든한 버팀목이 되어드리고 실질적으로, 정신적으로 잘 살펴야 합니다. 이시기야말로 우리가 어른이 되기까지 베풀어주신 은혜를 잊지 않는 보은의 마음이 중요한 때입니다. 또한 단순히 부모님을 돌봄이 필요한 수동적인 존재로만 보지 않고 자율적인 존재로 존중하는 자세 역시 중요합니다. 노쇠하여 자식에게 의존해야 하는 상황이 되더라도 부모님께서 자율적 선택을 할 수 있도록 하는 것은 성숙한 효의 중요한 요소니까요. 예를 들어 의료 결정과 같은 중요한 상황에는 부모님의 의사를 존중하고 최대한 의견을 반영하려는 태도가 필요합니다.

3. 돌아가신 뒤의 효

마지막으로 부모님 사후의 효에 대해 이야기해보겠습니다. 물론 부모님이 돌아가시는 건 생각만 해도 마음이 아픈 일이지요. 그런데 부모님 사후에는 '효'라는 것이 불필요하고 무의미할까요? 꼭 그렇지는 않습니다. 효자와 불효자는 부모님이 돌아가셨을 때 서로 다른 태도를 보일 테니 부모님 사후에도 효는 이어진다고 볼 수 있습니다. 따라서 진정으로 효의 덕목을 갖춘 자식이라면 부모님을 떠나보내드린 후에 어떤 방식으로 효도할지를 중심으로 생각해보겠습니다.

물론 부모님이 이 세상에 계시지 않기 때문에 실제로 부모님을 기쁘게 해드릴 방법은 더 이상 없을 것입니다. 맛있는 음식을 사드릴 수도 없고 찾아뵈어 손주의 재롱을 보여드릴 수도 없겠지요. 후회가 없도록 생전에 잘해드려야 하는 이유입니다. 그렇지만 철학적 관점에서 보면 부모님이 계시지 않더라도 부모 자식 사이의 관계는 이어진다고 볼 수 있습니다. 그럴 때 그 관계를 빛나게 하는 건 남아 있는 자식의 몫이겠지요. 그래서 이 시기에는 더 이상 직접적으로 행복을 드림으로써 효도할 수는 없어도 효심을 유지하고 표현하는 것이 중요한 요소가 됩니다.

먼저 부모님께 감사하는 마음을 잘 간직하고 표현해야 할 것입니다. 슬픔과 그리움을 느끼는 자체가 효심의 발현이라고 볼 수도 있습니다. 진정한 효자라면 부모님이 세상을 떠났다고 아무런 슬픔도 그리움도 느끼지 않은 채 바로 잊고 일상생활을 이어나가지는 않을 테니까요. 그리고 부모님의 은혜를 마음에 되새기며 형제자매와 함께 부모님에 대한 그리움과 추억을 나누는 시간을 가질 수도 있을 것입니다. 그런 추모와 기념의 행위들이 부모님에 대한 사랑과 감사와 존경의 마음을 표현하는 효도가 될 수 있습니다.

"훌륭한 사람이 되어 네 부모님의 이름을 묻게 하라."

마지막으로 부모님께서 자랑스러워하실 만한 사람이 되기

위해 노력하는 것 역시 사후의 효의 중요한 형태라고 할 수 있습니다. 개인적인 사례를 말씀드리자면 저의 아버지께서는 너무 일찍 부모님을 여의어 효도할 기회를 잃고 비통한 심경이셨다고 합니다. 이제 겨우 장성하여 모처럼 부모님께 효도를 하려했는데 이미 이 세상에 안 계시니 그럴 수 없게 되어 좌절하셨던 것이지요. 그러다 문득 이런 생각을 하셨다고 합니다.

"그래, 이렇게 된 이상 훌륭한 사람이 되고야 말리라! 훌륭한 사람이 되어 '도대체 부모님이 어떤 분이시길래 이렇게 훌륭한 자식을 낳아 키웠단 말인가?'라고 묻게 할 것이다!"

그것이 더 이상 세상에 계시지 않는 부모님의 명예를 빛나게 해드려 효도할 수 있는 방법이라고 생각하셨다고 합니다. 저도 종종 인생에서 중요한 결정을 할 때면 그런 생각을 떠올리며 부모님의 이름에 먹칠하지 않으려고 노력하고는 합니다. 생전이든 사후든 부모님의 명예를 드높이는 일이 효도라고 한다면 자랑스러운 자식이 되는 일 역시 효의 의미를 지닐 수 있을 것입니다.

부모답지 않은 부모에게도 효도해야 할까?

지금까지 효도를 실천하는 구체적인 방법에 대해 이야기했습니다. 하지만 모든 부모가 효도를 받을 자격이 있는 걸까요?

이 문제에 대해서 한번 짚어볼 필요가 있습니다. "부모답지 않은 부모에게도 효도해야 할까?" 이것이 제가 효에 대해 지금까지 가장 많이 들었던 질문입니다. 어쩌면 자연스러운 의문일 수 있습니다. 세상에는 정말 다양한 종류의 부모가 있고 그중에는 훌륭한 부모도 있지만 아이를 방치하고 학대하는 부모답지 못한 부모도 분명 존재합니다. 그런 바람직하지 못한 부모에게도 자식이라는 이유만으로 무조건 사랑과 감사와 존중의 마음으로 효도를 해야 한다면 납득이 되지 않을 수 있습니다.

○ 부모답지 않은
   부모

저는 앞서 효란 "부모다움에 대해 보답하는 자식다움"이라고 말했습니다. 그래서 이상적인 상황이라면 부모다움을 갖춘 부모에게 자식이 자식답게 효도를 마땅히 하는 것이지요. 하지만 현실이 항상 이렇게 이상적이지는 않습니다. 많은 부모가 부모로서 바람직하지 않은 여러 면을 지니고 있고, 그에 따라 자식에게 요구되는 역할도 달라질 수 있습니다. 지금부터는 부모답지 않은 부모의 구체적인 유형들을 함께 살펴보고, 그런 경우 자식은 어떻게 대처해야 하는지 살펴보겠습니다.

1. 물질적 지원만 하고 사랑은 주지 않는 부모

첫 번째는 물질적 지원은 해주지만 정서적 지원이나 사랑은 주지 않는 부모의 사례입니다. 예를 들면 자녀에게 하루 세 끼 먹여주고 용돈도 주고 학교도 보내주지만 따뜻한 말 한마디나 포옹도 없이 차갑게 대하는 부모의 경우가 되겠지요. 이런 부모에게도 자식은 효도를 해야 하는 것일까요? 이런 경우 '효심'까지 요구되지는 않더라도 '효행'을 해야 할 이유는 충분합니다. 우선 물질적 지원은 받았기 때문에 그에 대해 갚아야 할 최소한의 책임은 있겠지요. 이는 우리가 무언가를 받으면 그에 대해서 갚아야 한다는 일반적인 호혜성의 의무에도 부합됩니다. 따라서 감사와 사랑에서 우러나오지는 않더라도 부모님 노후에 어느 정도 경제적·물질적으로 지원할 근거는 있다고 보아야 합니다.

또한 부모가 정서적인 면에서 부모답지 못했다는 것이 자식 역시 자식답지 못한 방식으로 대해야 할 이유는 아닙니다. 부모가 먼저 친근하게 대해주지 못했다고 하더라도 자식이 먼저 부모에게 효도를 한다면 부모 역시 사람이기에 정서적으로 더 가까이 다가올 수도 있으니까요. 물론 차가운 부모에게 따뜻하게 대해야 할 '의무'가 있다고 하기는 어려울 것입니다. 하지만 관계적으로 덕스러운 자식이라면 비록 부모의 부모다움이 부족하다고 해도 본인은 더욱 자식다운 모습을 보여 부모도 더 부모다워질 수 있도록 이끌 수 있습니다. 관계적 덕목으로서의 효는 양쪽의 상호작용을 통해 좋은 관계를 만들어가는 것이니까요.

이러한 태도는 부모다움에 대한 반응으로서의 자식다움이라기보다 관용과 희망과 신뢰로부터 우러나온 '효행'이라고 할 수 있습니다. 부모 자식 관계도 다른 관계와 마찬가지로 한쪽이 어떻게 하는지에 따라 충분히 변화할 수 있기 때문입니다. 그렇기 때문에 정서적 친밀함이 부족한 부모에게 앙심을 품고 똑같이 냉랭하게 대하기보다 먼저 따뜻하게 다가가는 편이 관계 개선에 도움이 될 수 있습니다. 물론 이런 태도를 보여도 개선되지 않는다면 그때는 다른 길을 찾는 편이 나을 수 있지만, 적어도 시도해볼 가치는 있을 것입니다. 관계의 개선은 보다 용기 있고 아량 넓은 쪽이 먼저 손을 내밀 때 이루어질 수 있으니까요.

2. 이기적인 이유로 자식들을 방치한 부모

이번에는 이기적인 이유로 자식을 방치하고 제대로 돌보지 않은 부모의 경우를 살펴보겠습니다. 이런 경우에도 효행을 할 독립적인 이유는 있을 수 있습니다. 우선 인간적인 동정심에서 비롯된 최소한의 도리가 효행의 근거가 될 수 있습니다. 길을 가다 어려움을 겪고 있는 사람을 볼 때에도 돕고 싶은 마음을 가지고 큰 무리가 되지 않는다면 도움을 주는 것이 인지상정일 것입니다. 그런 의미에서 아무리 제대로 돌보아주지 않아 서운하게 만든 부모라 해도 가까운 곳에서 어려움에 처해 있다면 곁에 있는 사람으로서 최소한의 도움을 제공하는 것이 인간적이고 도덕적인 태도일 수 있겠지요.

또한 자신의 자녀에게 효를 가르치는 데 있어서도 부모에 대한 자신의 태도가 중요한 교육적 모범이 될 수 있습니다. 부모로서 자식에게 효도의 중요성을 일깨워주고자 한다면 본인이 먼저 그 모범을 보여야 한다는 것이지요. 나중에 자기 자식이 장성해서 "아빠는 할아버지, 할머니한테는 안 했으면서 왜 나한테만 효도하라고 그래?"라고 묻는다면 할 말이 없을 것 같습니다. "그건 할아버지, 할머니는 아빠한테 잘해주지 않으셨으니까 그렇지!"라고 말하기도 부모로서 궁색하지 않을까요? 좋은 자녀 교육은 말보다는 본이 될 만한 행동으로 이루어지는 거니까요.

다시 한번 강조하지만 빚을 갚거나 동정을 베풀거나 자식 교육을 잘 하는 것이 효의 본질은 아닙니다. 다만 부모가 부모답지 못한 경우라 해도 여전히 효도에 해당될 법한 일을 할 이유가 있다는 점을 보여드리는 것뿐입니다.

3. 자식을 해치려고 하는 가학적 부모

하지만 부모답지 못함의 도가 지나쳐 효도를 하지 않아도 되는 경우 또한 있을 수 있습니다. 극단적인 경우로 자식을 해치려는 가학적 부모의 사례를 생각해보지요. 부모가 자식을 학대하고 괴롭히더라도 효도는 '자식된 도리'로서 무조건 강요할 수 있을까요? 기본적으로 넓은 아량으로 용서해드리고 새로운 기회도 드리면서 희망을 가져볼 수 있을 것입니다. '그래도 내가 자식된 도리를 다 하다 보면 부모님도 달라지시지 않을까? 나라도 열심히 해보자.' 이런 생각을 갖고 자식다운 태도를 유지할 수도 있겠지요. 그러나 부모가 자식을 극단적으로 악랄하게 대하는 경우에는 예외가 될 수도 있습니다. 심지어 그럼에도 불구하고 효도를 강행하려는 태도는 바람직하지 않을 수도 있습니다.

그 대표적인 사례가 《맹자》에 나오는 순임금입니다. 순임금은 부모로부터 학대를 받았음에도 불구하고 묵묵히 효심을 간직하고 자식된 도리를 깍듯이 했다고 합니다. 그의 부모는 지붕이 부서졌으니 수리해달라고 아들에게 부탁한 뒤 고치는 동안 불을 질러서 태워 죽이려고 한 일도 있었습니다. 가까스로 살아나긴 했지만 그 뒤로도 여러 번 순임금을 살해하려는 시도를 했다고 하지요. 그래도 순임금은 부모를 미워하기는커녕 효를 다했습니다. 전통적으로는 이러한 태도가 '대효大孝'로 칭송되어왔습니다. 하지만 현대의 관점에서 생각해보면 자신에 대한 존중을 결여한 태도로 볼 수도 있습니다. 부모에게 잘하는 것도 중요하지만 자신을 존중하고 사랑하는 마음도 중요하니까요.

요즘에도 아이를 학대하고 죽음에까지 이르게 하는 부모의 사례가 뉴스에서 가끔 들려옵니다. 그런 소식을 들을 때마다 부모의 도리란 무엇일까, 저런 부모에게도 효도를 받을 자격이 있는 것일까, 자문하게 됩니다. 아무리 낳아주고 키워준 부모라고 해도 자식이 자기 마음대로 할 수 있는 소유물은 아니라는 사실을 명심해야 할 것입니다. 물론 그런 극단적인 사례는 매우 드물다고 믿습니다. 하지만 그처럼 부모다움의 조건을 심각하게 상실한 경우에는 효도를 해야 하는 근거에 대해 비판적으로 반성해볼 필요가 있습니다. 때로는 스스로가 자신의 존엄성을 지켜야 할 때가 있습니다. 상대가 분명하게 선을 넘을 때에도 무조건 받아들이고 용서하기만 하는 것이 정답은 아닙니다. 그것이 부모라도 예외가 될 수는 없습니다. 따라서 부모가 자식에게 지속적이고 극단적으로 해악을 가하는 경우에는 효행을 하지 않는 것이 오히려 윤리적으로 적절하다는 주장도 가능하다고 볼 수 있습니다.

◦ 인간으로서
부덕한 부모의 사례

지금까지 부모가 '부모로서' 바람직하지 않은 경우를 다루었다면 이제부터는 부모가 '인간으로서' 덕스럽지 못한 경우를 살펴보겠습니다. 부모가 자식에게 나쁜 부모인 것은 아니더라도 일반적 관점에서 보았을 때 인격적으로 결함이 있는 경우가 있습니다. 이럴 때는 조금 다른 접근 방식이 필요합니다. 효라는 덕목과 일반적·도덕적 책임 사이의 균형 잡힌 시각이 필요하지요. 여기에서는 부모가 도덕적으로 바람직하지 않은 모습을 보이는 세 가지 경우를 살펴보며 자식이 취할 수 있는 태도를 이야기해보겠습니다.

1. 바람직하지 않은 견해를 가진 부모

먼저 바람직하지 않은 견해를 가진 부모의 경우를 생각해보겠습니다. 만약 부모가 자식에게 잘 대해 주지만, 예를 들어 성차별적인 견해와 같이 바람직하지 않은 생각을 가지고 있다면 자식이 어떤 태도를 취해야 할까요? "남자들은 다 한심하고 쓸모 없어!"라고 말하는 부모에게 자식은 어떻게 반응해야 할지 난감할 것입니다. 이런 경우 자식은 부모의 견해가 윤리적인 관점에서 부적절하다고 생각하고 동의하지 않더라도 부모와 공경의 관계는 유지해야 하는 딜레마에 놓이게 됩니다.

공자는 이런 경우에 대해 《논어》에서 부모의 잘못을 지적할 때는 부드럽고 공경하는 태도를 유지해야 하며 받아들여지지 않더라도 원망하지 않아야 한다고 조언합니다. 자식은 도덕적으로 잘못된 견해를 가진 부모에게 항의하고 올바른 견해로 이끌려고 노력하되 그 과정에서도 부드러운 예의와 공경의 자세를 유지해야 한다는 것이지요. 생각해보면 우리가 아끼는 사람이 도덕적으로 잘못된 견해를 가졌다면 모른 척하거나 동조하는 건 결국 그 사람을 위한 태도가 아닐 것입니다. 오히려 부모님을 위하는 마음으로 부드럽게 조언하는 것이 효도의 길일 수 있지요. 이는 효를 유지하면서도 부모의 견해에 대해 도덕적 책임을 다할 수 있는 방법입니다.

물론 조언에도 불구하고 바뀌지 않을 수도 있습니다. 하지만 이런 경우 너무 강하게 언성을 높이거나 화를 낸다고 해서 오랜 견해가 바뀐다는 보장은 없을 것이며 누구를 위해서도 바람직하지 않습니다. 따라서 부모를 위해 조언은 하되 무의미한 언쟁으로 이어지지는 않는 중용을 잘 찾는 지혜가 중요할 것입니다.

2. 어느 정도 부도덕한 일을 한 부모

부모가 절도나 상해 정도에 해당하는 부도덕한 일을 한 경우, 자식이 취할 태도는 조금 더 복잡해집니다. 흥미롭게도 동양과 서양의 대표적 현자인 공자와 소크라테스 모두 이와 관련된 비슷한 질문을 던졌습니다. 공자는 부모가 잘못을 저질렀을 때 우리 마을의 올곧은 사람들은 부모를 감싸준다고 말했고, 소크라테스 역시 부모의 잘못을 고발하려는 사람에게 그것이 과연 진정으로 경건한 일인지 반문했습니다. 물론 부모가 어떤 짓을 저지르든 어떤 상황이든 무조건 감싸야 한다는 의미는 아니겠지요. 하지만 이처럼 부모에 대한 효와 정의에 대한 책임 사이에서 고민하게 만드는 상황에서는 부모와의 관계를 고려하여 적절하게 보호하고 감싸주는 태도가 전통적으로 존중받아온 것은 사실입니다.

우리나라의 '형사소송법'에 자기 또는 배우자의 직계존속을 고소할 수 없도록 명시되어 있는 점도 효를 중시하는 정서를 반영한다고 볼 수 있습니다. 물론 아동 학대, 성범죄 등 특별법에 규정이 있는 경우에는 예외적으로 부모를 고소할 수 있다고 합니다. 이러한 점들을 종합적으로 고려해보면 부모가 잘못을 저지르는 경우 죄질이 극단적으로 나쁘지 않다면 적어도 낯선 사람과는 다른 태도로 감싸주는 자세가 바람직하다는 정서가 반영되어 있는 것 같습니다. 따라서 자식은 부모의 도가 지나친 잘못에 대해서는 도덕적으로 판단하되, 가족 관계와 효의 덕목을 고려하여 섣불리 비난하기보다는 어느 정도 감싸려는 자세를 유지하는 것이 좋을 때가 있습니다. 이는 결국 부모 스스로 좋은 사람이 되어야 자식에게 효를 강요하는 상황을 피할 수 있다는 점을 시사합니다.

3. 극악무도한 부모

마지막으로 부모가 사회적으로 용납될 수 없는 극악무도한 범죄를 저지른 경우를 살펴보겠습니다. 부모의 잘못이 도를 지나친 경우, 예를 들어 부모가 잔인한 연쇄 살인범이라면 자식이 효를 지키는 것보다 사회적 책임을 우선시해야 할 수 있습니다.

이런 상황에서는 자식으로서 부모에게 효를 다하는 것이 오히려 도덕적으로 바람직하지 않을 수 있는 것이지요. 부모에 대한 사랑과 존중을 거두고 심지어 경찰에 직접 알려야 할 의무가 생길 수도 있습니다. 부모의 행동이 타인에게 심각한 해악을 끼쳤다면, 자식은 부모에 대한 효보다도 사회적·법적 책임을 다하는 것이 더 중요할 수도 있으니까요. 이런 점을 보면 비록 효가 중요한 덕목이라 해도 다른 도덕적 고려 사항과 균형을 맞춰서 지혜롭게 실천하는 태도가 필요합니다.

지금까지 살펴보았듯이 '부모답지 않은 부모에게도 효도해야 할까?'라는 무거운 질문에 대한 답은 간단하지 않습니다. 부모와 자식의 관계는 상호적인 것이며, 부모가 부모답지 않은 상황에서 자식에게 무조건 효를 강요하는 것은 비합리적이고 비윤리적이기까지 할 수 있으니까요. 자식은 부모의 행동과 관계를 고려해 스스로 효도의 범위와 방식을 결정할 수 있어야 하며, 그 결정은 상황에 따라 유연하게 조정될 필요가 있습니다. 부모가 부모로서, 또 인간으로서 최소한의 역할을 했다면 자식도 최소한의 효를 베풀 이유가 있지만, 그 선을 넘었을 때에는 자신의 권리와 사회의 정의를 지키기 위한 결단을 내려야 할 때도 있습니다. 물론 애초에 이러한 상황이 생기지 않도록 부모는 부모다운 부모의 모습을 보이고 자식은 자식다운 자식이 되어 그에 보답하는 노력이 필요할 것입니다.

부모에게 순종해야만 효도일까?

◦ 부모님 말씀을
따를 근거

효의 실천에 대해서 또 한 가지 흔히 제기되는 질문은 부모님의 말씀에 순종해야 할 의무가 있는지 여부입니다. 우선 부모님 말씀에 따라야 할 근거에는 어떤 것이 있는지 살펴보겠습니다. 먼저 부모가 자식에게 베푼 사랑과 정성에 대한 감사의 표현으로 자식이 부모의 말을 따르는 것이 자연스럽게 여겨질 수도 있습니다. 대부분의 경우 부모가 자식에게 베푼 은혜는 어마어마하다고 할 수 있지요. 그런 점에서 부모님께서 적당한 부탁을 하신다면 여태까지 받은 은혜를 생각하며 기꺼이 들어드릴 수 있을 것입니다. 예를 들어 "애야, 안경이 망가졌는데 혹시 하나 구해줄 수 있겠니?" 하고 물으신다면 웬만한 자식이라면 '그동안 나에게 베풀어주신 것에 비하면 아무 것도 아니지!' 하며 "그럼요!"라고 말할 것입니다.

하지만 그 은혜에 보답하는 방식으로 '순종'이 적절한지, 자식의 자율성도 고려해야 하는 건 아닌지 의문이 생기는 것도 사실입니다. 일반적으로는 누군가가 나에게 은혜를 베풀어주면 그 사람에게 호의를 되갚거나 어려울 때 도와주어야 할 의무가 생길지도 모릅니다. 그런데 그 보답의 방식이 그 사람의 말에 무조건 따르는 것이어야 할까요? 만약 누가 밥을 사주고 나서 "야, 전에 내 밥 얻어먹었지? 그러니까 넌 이제부터 내 말에 따라야 해"라고 말한다면 황당할 것입니다. 마찬가지로 아무리 부모님이 많은 것을 베풀어주셨다고 해서 그것이 순종할 의무를 뒷받침하는 것 같지는 않습니다.

물론 부모님에 대한 감사의 마음이나 친밀함 때문에 기꺼이 부모님의 부탁이나 말씀을 들어드릴 수는 있습니다. 나에게 아무것도 베풀지 않거나 친하지 않은 사람에 비해 부모님처럼 많은 것을 주시고 가까운 분들을 위해 바라는 것을 더 해드리고 싶은 것이 인지상정이니까요. 하지만 그렇다고 해서 순종하지 않으면 불효라거나 자식에게 바라는 것을 시킬 권리가 부모에게 당연히 주어지는 것은 아닙니다. 누군가에게 은혜를 입었다고 그 보답으로 그 사람의 모든 요구에 순종해야 하는 의무가 생기는 것은 아니니까요. 마찬가지로 부모님의 은혜는 부모님의 적절한 부탁을 들어드릴 근거는 될 수 있지만 그것이 절대적인 의무로 이어지는 것은 아님을 기억해야 합니다.

◦ 부모님 말씀에 따르지 않을 근거

1. 자식의 자율성

부모님의 말씀에 대한 무조건적인 순종이 바람직하지 않은 경우를 더 구체적으로 살펴보겠습니다. 우선 한 가지 고려할 점은 자식도 하나의 인격체로서 자기 인생을 스스로 결정할 권리가 있다는 것입니다. 물론 어린 시절에는 세상과 자신에 대해 잘 알지 못하고 연약하기 때문에 부모님의 보호와 지도에 따라 여러 가지를 배웁니다. 숙제를 하기 싫어도 숙제를 해야 한다는 부모님 말씀에 따르고 놀고 싶어도 부모님 눈치를 보며 놀지 못하는 경우도 많지요. 그럴 때 부모님이 자주 하시는 말씀은 "이게 다 너 잘되라고 그러는 거야!"입니다. 아마도 이러한 관계의 관성 때문에 많은 부모님은 자식이 다 컸을 때에도 어리게만 보고 '감 놔라 배 놔라' 하는 경우가 많이 생기는 게 아닌가 싶습니다.

마찬가지로 자식도 웬만하면 부모님 말씀을 들어야 할 것 같은 기분을 느끼는 경우가 많습니다. 하지만 자식이 장성한 뒤에는 부모도 자식의 결정을 존중하고 함부로 자기 뜻대로 좌우하려 해서는 안 됩니다. 자식의 인생이 걸린 중요한 문제에 대해서도 간섭하고 명령하려는 부모들이 존재합니다. 가령 직업이나 배우자를 선택하는 문제처럼 스스로 선택해야 하는 부분에 있어서도 "넌 학자가 아니라 의사가 되어야 해!", "난 저 애가 마음에 안 든다! 내 눈에 흙이 들어가기 전에는 결혼 허락 못 해!” 이런 식으로 간섭한다면 부모님의 말씀이라 해서 무조건 따르는 것이 결코 좋아 보이지는 않습니다.

어떤 경우에는 부모님이 자식의 인생을 통해 자신의 욕망을 대신 실현하려는 의도로 간섭하기도 합니다. 예를 들어 자신이 의사가 되고 싶었는데 실패했기 때문에, 또는 자신도 의사이기 때문에 자식도 의사가 되기를 강요하는 부모를 생각해보세요. 이는 자식을 자신의 소유로 착각하는, 부모답지 못한 태도일 것입니다. 그런 경우에 자식은 부모의 마음을 헤아려주기는 하더라도 “제 꿈은 철학자가 되는 겁니다. 제 인생은 제가 결정할 거예요!” 라고 외치는 용기가 필요합니다. 특히 자신의 앞날이 걸린 중대한 결정에 있어서는 말이지요. 아무리 가까워도 부모의 인생과 자식의 인생은 서로 다른 각자의 것이라는 점을 잊지 말아야 합니다.

2. 적절하지 않은 부모의 바람

부모님의 말씀에 따르지 말아야 할 또 다른 경우는 그 바람이 적절하지 못할 때입니다. 예를 들어 끼니를 걱정하는 가난한 자식에게 비싼 해외여행을 보내달라고 하는 부모가 있다고 생각해보지요. 물론 생계가 걸린 차를 팔거나 끼니를 한동안 거르면 가능할 수도 있겠지만 이렇듯 형편이 안 되는 상황에서 무리한 부모님의 요구를 들어드리는 건 바람직하지 않을 수 있습니다.

심한 경우에는 부모가 자식에게 비도덕적인 행동까지 요구할 수도 있습니다. 예를 들어 "저 사람이 날 모욕했으니 따귀라도 한 대 때려다오!" 하고 부탁하는 경우가 있겠지요. 이럴 때는 앞서 말씀드렸듯이 그 말씀에 따르는 대신 그건 올바른 일이 아니라고 부드럽게 조언하고 설득하는 것이 효의 적절한 방식입니다.

물론 진정 부모다운 부모라면 자식이 바르고 행복하게 살기를 원할 것이고 위와 같이 자식을 불행하게 하거나 나쁜 사람이 되게 만드는 요구는 하지 않을 것입니다. 그렇기 때문에 효를 요구하기 이전에 먼저 자신이 부모답게 행동하도록 노력해야 하는 것이지요. 만약 그 선을 넘어서 무리한 요구를 하는 부모가 있다면, 그런 요청을 거절하는 것은 무조건 불효가 되는 것이 아니며 자식도 자율적이고 독립적인 삶을 살아갈 권리를 가지고 있음을 잊지 말아야 합니다.

3. 순종과 무시 사이의 중용

결국 부모님의 요구에 대한 무조건적인 순종은 답이 아닙니다. 부모님의 말씀을 전적으로 무시하고 자기 마음대로만 사는 것도 정답은 아닐 듯합니다. 부모님은 우리 삶에서 중요한 분들이고 많은 은혜를 베풀어주셨으며 그분들과의 관계는 우리 인생에서 큰 무게감을 지니기 때문이지요. 따라서 소중하고 감사한 사람의 바람은 그 자체로 내가 고려해야 할 중요한 근거 중 하나로 삼아 균형 있게 판단해야 할 것입니다. 예를 들어 직업을 선택할 때 보통 '나의 적성에 맞을까?', '연봉은 얼마일까?', '집에서 가까울까?' 이런 질문들을 고려하지요. 여기에 더해 '부모님께서 심하게 반대하시지는 않을까?'라는 질문 역시 적어도 여러 고려 사항 중 하나로 넣는다면 자신의 독립성과 효 사이의 적절한 균형을 찾는 데 도움이 될 것입니다.

효의 덕목을
어떻게 기를 수 있을까?

지금까지 효를 어떻게 실천해야 하는지에 대해서 살펴보았다면, 이제부터는 이 덕목을 기르는 방법에 대해서 살펴보려고 합니다.

가정에서의 효 교육

가장 우선적이고 자연스러운 효의 교육 장소는 가정입니다. 가족은 태어나서 자연스럽게 제일 먼저 속하게 되는 공동체이지요. 가정에서는 효의 대상인 부모님과 직접적으로 교류하면서 자라게 되기 때문에 일상에서 효의 의미를 배우고 실천할 기회를 얻게 됩니다. 하지만 현대의 가정 구조와 사회적 환경에서는 효를 가정에서만 온전히 가르치기가 쉽지 않습니다. 과거에는 대가족이 일반적이어서 부모님뿐만 아니라 삼촌이나 조부모 같은 가족 구성원이 자연스럽게 효의 중요성을 강조하며 아이들을 지도할 수 있었습니다. 오늘날에는 핵가족화가 진행되면서 부모와 자녀만으로 이루어진 가정이 많아졌습니다.

그런데 부모가 자식에게 직접 효에 대해 가르치는 데는 어색하고 민망한 부분이 있습니다. 삼촌이나 이모가 "너 이렇게 매일 밥을 차려주시는 게 쉬운 것 같니? 너희 부모님께 항상 감사해야 한단다"라고 말하면 아이는 미처 깨닫지 못했던 은혜를 되새기며 감사의 마음을 갖게 되겠지요. 그런데 부모가 스스로 "너 이렇게 매일 밥을 차려주는 게 쉬운 것 같니? 나한테 항상 감사해야 해!"라고 말하면 이기적인 생색으로 비칠 위험이 있습니다. 효의 중요성을 가르치는 것이 아니라 자기가 베푼 혜택에 대한 보상을 해야 한다고 하는 타산적 요구로 보일 수도 있지요. 이런 이유로 효의 가치를 자연스럽게 전수하기가 더욱 어려워지고 있습니다.

학교 등 외부 기관에서의 효 교육

부모가 효를 직접 가르치기 어렵다는 한계를 보완하기 위해 학교와 같은 외부 기관의 역할이 중요해졌습니다. 예를 들어 태권도장에서는 어버이날에 부모님께 감사 편지를 쓰게 하고, 초등학교에서는 카네이션을 만들어 달아드리도록 하는 숙제를 내주고 있습니다. 부모님께 안마를 하고 '인증샷'을 찍어 오는 과제를 내주는 곳도 있습니다. 이처럼 아직 부모에 대한 은혜를 제대로 느끼지 못하고 감사를 표현하는 데 미숙한 아이들에게 학교나 다른 기관의 효 교육은 효과적일 수 있습니다.

그러나 외부 기관에서의 효 교육이 모든 사람에게 환영받는 것은 아닙니다. 효란 본래 가정교육의 영역에 속하는 사적인 가치인데, 학교나 공공 기관이 이를 가르치는 것은 사적 영역을 침범하고 간섭하는 행위라고 비판하는 목소리도 있습니다. 하지만 이러한 주장에 대해서는 반론의 여지도 있습니다. 부모와의 관계가 사적 영역에 속한다는 사실에 따라 효라는 덕목을 사적 영역에서만 가르쳐야 한다는 결론이 따라오지는 않으니까요. 더욱이 현대 사회에는 다양한 가정 형태가 존재합니다. 맞벌이 가정이나 한부모 가정처럼 부모님이 바쁘거나 교육을 충분히 제공하기 어려운 환경에서는 학교나 외부 기관이 차선책이나 보완책으로 효 교육을 하는 역할이 필요합니다.

스스로 효의 마음 기르기

하지만 결국 효라는 덕목을 기르는 것은 외부의 교육에만 의존할 수 있는 문제가 아니고 스스로의 노력이 가장 중요합니다. 효심은 자기 내면에서 우러나와야 하는 것이니까요. 그러기 위해서는 효라는 것을 추상적인 개념으로만 생각하기보다 실제 자신의 부모님의 얼굴을 떠올리며 그분들이 나에게 어떤 의미를 지니는 존재인지, 또 어떤 은혜를 베풀어주셨는지를 상기시켜보면 좋을 것입니다. 그런 점을 자주 떠올리면 그 소중함과 감사함이 자연스럽게 흘러나올 수 있을 테니까요. 부모님은 우리에게 너무나 가깝고 당연하게 느껴지는 존재이기 때문에, 종종 그들의 존재와 사랑을 소홀히 하거나 잊기 쉽습니다. 하지만 부모님이 곁에 계시지 않을 상황을 상상해보며 지금 부모님을 위해 할 수 있는 일을 후회 없이 해드리는 것이 효도겠지요. 따라서 현재 부모님이 계시는 순간을 소중히 여기고 감사와 사랑을 표현하며 효를 실천하려는 마음을 키우는 것이 무엇보다 중요합니다.

지금까지 효의 여러 면에 대해 살펴보았습니다. 현대 사회에서는 전통적 효의 실천 방식과 그 당위성에 대해 젊은 세대와 부모 세대 간의 갈등이 점점 커지는 것 같습니다. 부모 세대는 전통적으로 당연하게 여겨졌던 효의 실천을 기대하지만, 자식 세대는 그 가치나 실천 방식에 대해 납득하지 못하거나 불편함을 느끼는 경우도 있지요. 이러한 상황에서 효라는 덕목이 갖는 본질을 재조명하고 현대에 맞는 방식으로 재해석할 필요가 있습니다. 한마디로 "이 땅에 살고 있는 우리에게 효가 어떻게 이해되고 실천되어야 할까?"를 묻는 것이지요.

결국 '부모다움에 대해 보답하는 자식다움'으로서의 효라는 덕목은 부모 자식 관계에서 실천을 통해 길러야 하는 가치입니

다. 전통적인 효의 개념을 현대적 가치와 조화시키고 각자의 삶에 맞는 방식으로 실천할 때 효의 본질적 가치를 더욱 잘 이해하고 살아갈 수 있을 것입니다. 부모와의 관계에서 내가 어떤 자식이 될 것인지, 부모님께 어떻게 더 나은 자식이 될 수 있을지를 스스로 반성하고 실천하며 효를 삶에 자연스럽게 녹여내는 노력이 필요할 것입니다.

효라는 덕목은 시대와 함께 변하고 있습니다. 그러나 그 본질적 가치는 여전히 유효합니다. 좋은 자식이 되는 일, 부모님과의 관계를 소중히 여기는 일은 세대와 상관없이 중요합니다. 다만, 이제는 전통적인 방식에 얽매이지 않고 각자의 삶과 가치관에 적합한 방식으로 효를 재해석하고 실천해야 할 때입니다. 이 논의가 여러분이 효를 한 번 더 생각하고, 자신만의 방식으로 효를 실천하는 계기가 될 수 있기를 바랍니다.

4장

신뢰
너에게 나를 기꺼이 내맡기는 마음

충분히 신뢰하지 않는 사람은
신뢰받지 못할 것이다.

_노자

신뢰는 서로 영향을 주고받으며 살아가는 인간 공동체에는 없어서는 안 되는 태도입니다. 우리가 버스를 타는 것도 식당에서 밥을 먹는 것도 버스 기사가 노선대로 가줄 거라는 신뢰와 식당 주인이 상한 음식을 주지 않을 거라는 신뢰가 있기 때문입니다. 각자의 삶을 사느라 바쁘고 피상적인 교류와 소통 속에서 비대면의 삶에 익숙해진 우리는 깊은 신뢰에 근거한 관계 맺기가 어려운 시대를 살고 있습니다. 이런 때에 신뢰란 무엇이며 신뢰가 왜 필요한 것인지 한 번쯤 깊이 생각해보는 일은 참으로 중요합니다.

　여러분은 누구를 신뢰하나요? 지금 쓰고 있는 스마트폰이나 노트북이 망가지지 않고 잘 작동하리라 믿고 의지하는 태도와 사람의 마음에 대한 신뢰는 어떻게 다를까요? 혹시 사랑하는 사람이 있나요? 그 사람이 나를 사랑하고 계속해서 사랑해줄 거라고 어떻게 신뢰할 수 있을까요? 상대의 마음을 의심하는 성향이 강하다면 사랑하는 관계를 시작하기가 어려워지지는 않을까요? 이런 질문들을 중심으로 신뢰의 의미와 가치에 대해 이야기해보겠습니다.

신뢰란 무엇일까?

◦ 신뢰에는 위험이 수반된다

상대를 굳게 믿고 의지하는 것

먼저 신뢰란 무엇인지 살펴보지요. 사전을 찾아보면 신뢰란 '상대를 굳게 믿고 의지하는 것'이라고 나옵니다. 쉽게 말해 상대에게 자신을 '기꺼이 내맡기는 마음'이라고 할 수 있지요. 누군가를 신뢰한다는 것은 곧 그 사람이 배신할 가능성에 자신을 노출시키는 것이기 때문에 위험한 일일 수 있습니다. 신뢰의 대상은 다양합니다. 우리는 가족, 친구, 직장 동료, 나아가 인류도 신뢰할 수 있지요. 신뢰의 본질을 잘 드러내는 오래된 이야기를 하나 들려드리겠습니다.

피디아스와 다몬의 신뢰

고대 그리스 시대에 피디아스와 다몬이 살았습니다. 둘은 친한 친구 사이였지요. 그런데 평소 성품이 강직하던 피디아스는 폭군이었던 왕에게 직언을 했다가 사형당할 위기에 처합니다. 그래서 친구인 다몬은 피디아스가 마지막으로 가족에게 작별 인사할 시간을 가질 수 있도록 그동안 자기가 대신 잡혀 있겠다고 제안합니다. 사형 집행일까지 돌아오지 않으면 자신이 대신 사형당하겠다고까지 말하는 다몬의 결의를 보고 왕은 제안을 수락한 뒤 그를 보내줍니다. 그런데 약속된 시간이 다 되어가도록 피디아스는 돌아올 기미가 보이지 않았습니다. "하하! 그것 봐라. 이 어리석은 녀석아! 자신의 목숨이 아까워서라도 돌아오지 않는 게 당연하지 않겠느냐? 자기 목숨보다도 신의를 더 중요하게 여기는 사람이 어디 있겠느냐?"라고 왕은 다몬의 어리석음을 비웃으며 의기양양했습니다. 그럼에도 다몬은 당황하지 않고 이렇게 말했습니다. "아닙니다. 피디아스는 돌아올 것입니다. 혹시라도 사정이 생겨 제시간에 돌아오지 못하여 제가 먼저 사형당하게 되거든 저는 마지막까지 그를 믿었다고 전해주시기 바랍니다."

야속하게도 시간은 흘러 약속 시간이 다 되었습니다. 다몬이 대신 사형을 받으려던 찰나, 멀리서 누군가 급히 뛰어왔습니다. 피디아스였습니다. "멈추시오! 이 피디아스가 돌아왔으니 이제

다몬을 풀어주시오!" 가쁜 숨을 몰아쉬며 그는 이렇게 외쳤습니다. 알고 보니 피디아스는 도망을 갔던 것이 아니라 고향에 들러 돌아오는 길에 폭풍우를 만나 늦어졌던 것입니다. 이 상황을 입을 벌린 채 놀란 얼굴로 지켜보던 왕은 이들의 우정과 신뢰에 큰 감동을 받아 "내가 이런 친구를 가질 수 있다면 전 재산을 내놓겠다!"라고 말하며 두 사람을 모두 용서하고 풀어주었습니다. 폭군마저 감동시킨 이 이야기가 어디까지 진실인지는 모르지만, 이 일화는 신뢰가 보여주는 아름다움을 잘 드러내고 있습니다.

신뢰적 위험

피디아스와 다몬의 이야기가 잘 보여주듯이 자유의지를 가진 존재를 신뢰한다는 것은 상대의 선택에 자신의 안위가 달려 있음을 의미합니다. 즉 상대가 어떤 선택을 하는지에 따라 자신의 안녕이 영향을 받게 된다는 것이지요. 다몬 역시 피디아스가 배신했다면 목숨을 잃을 위기에 처해 있었고 바로 그렇기에 어려운 상황에서 보여준 그의 굳은 신뢰가 빛날 수 있었습니다. 신뢰가 의미 있으려면 상대의 선택이 나의 안녕에 어느 정도 영향을 주는 상황이어야 합니다. 사형과 같은 큰일이 걸려 있는 상황이 아니라 해도 믿었던 친구가 나를 배신한다면 마음이 정말 아플 것이고, 그런 상처를 받을 위험을 감수하면서 믿어야 진정한 신뢰라 할 수 있을 것입니다.

이렇듯 신뢰받는 상대가 자유롭게 선택을 할 수 있는 존재라는 사실 때문에 필연적인 불확실성이 발생합니다. 상대가 진정으로 자유로운 존재라면 그가 신뢰받은 대로 행동할 것인지 여부는 알 수도 없고 통제할 수도 없습니다. 그렇기 때문에 신뢰받는 사람이 배신할 위험이 항상 존재하지요. 이렇듯 신뢰에 수반되는 특유의 위험을 **신뢰적 위험** trust risk이라고 부를 수 있습니다.

그렇지만 신뢰적 위험 때문에 신뢰하는 사람이 상대가 배신할 확률이 높다고 생각하고 불안해하는 것은 아닙니다. 이는 신뢰하는 태도와 어울리지 않지요. 예를 들어 《삼국지》에서 원래는 적군의 장수였던 태사자가 군사를 모아 자신에게 돌아올 것이라고 믿고 보내준 손책의 사례를 생각해봅시다. 이때 손책에게 "태사자가 돌아온다는 것과 돌아오지 않는다는 것, 둘 중 어디에 걸겠는가?"라고 물으면 당연히 돌아온다는 데 걸 것입니다. 하지만 손책에게 "태사자가 배신하고 돌아오지 않는 일이 불가능하다고 보는가?"라고 묻는다면 그렇지는 않다고 대답할 것입니다. 실제로 손책은 태사자의 배신을 우려하는 부하에게 "만약 돌아오지 않는다면 그저 그 정도 그릇밖에 안 된다는 뜻이겠지. 그런 인물이라면 잃어도 나는 아쉽지 않다!"라고 말했지요.

정리하자면 신뢰하는 사람의 입장에서 봤을 때 신뢰받는 사람의 배신은 일어날 '가능성'은 있지만 일어날 '개연성'은 낮은 일인 것입니다.

신뢰와 유사한 개념은 무엇일까?

그럼 신뢰에 대한 이해를 더 깊이 하기 위해 신뢰와 유사하지만 조금 다른 개념들, 즉 단순한 의존, 단순한 믿음, 그리고 앎을 신뢰와 비교해보겠습니다.

○ 신뢰 vs.
단순한 의존

먼저 **단순한 의존**mere reliance은 대상에 대해 무언가를 기대하고 그것에 의존하는 것입니다. 그렇게 봤을 때 마음을 가진 자유로운 행위자를 대상으로 하는 신뢰의 경우와 달리 컴퓨터나 알람 시계 등과 같은 사물에 대해서도 단순한 의존은 가능합니다. 우리가 어떤 대상에 대해 신뢰하고 있던 것인지 단순히 의존하고 있었을 뿐인지는 그 대상이 기대에 어긋났을 때 어떤 감정을 느끼는지를 살펴보면 알 수 있습니다. 예를 들어 아침 일곱 시에 맞춰뒀던 알람 시계가 고장 나서 울리지 않는다면, 실망감이나 좌절감 정도를 느낄 것입니다. 하지만 면접 전 날 아침 일곱 시에 깨워달라고 친구에게 부탁했는데, 친구가 면접에 늦게 만들려고 일부러 깨우지 않는다면 이때는 실망감을 넘어 배신감까지 느낄 것입니다. 즉 아침에 일찍 일어나려고 어떤 수단을 사용한 점에서는 같았지만 나의 기대에 부응하지 않았을 때 알람 시계의 경우 실망감만을 느끼고 친구의 경우 배신감을 느끼는 것이 적절합니다. 이렇듯 단순한 의존과 신뢰의 차이는 우리가 기대해 아는 바가 좌절되었을 때 느끼는 감정에 따라서도 구별할 수 있습니다.

결정적인 차이는 그 대상이 스스로 마음을 가지고 선택할 수 있는 자유로운 행위자인지 그렇지 않은지에 달려 있습니다. 마음이 없는 존재가 기대한 대로 작동되리라 생각하고 그에 의존하는 것은 신뢰가 아닌 단순한 의존이라고 해야 합니다. 최근 급속도로 발전한 인공지능 로봇의 경우도 마찬가지입니다. 비록 마음이 있는 것처럼, 자유로이 선택할 수 있는 것처럼 행동하고 말할 수 있다 해도 인간과 같은 마음이 존재하는 로봇이 개발되기 전까지 인공지능 로봇을 '사용'하는 것은 신뢰가 아닌 단순한 의존에 해당할 것입니다. 아무리 신뢰를 닮았다고 하더라도 말이지요. 물론 인형에게 영혼이 있다고 믿고 사랑하고 신뢰하는 것처럼 인공지능 로봇을 진심으로 신뢰하는 사람도 있을 수 있습니다. 하지만 이 경우에는 단순한 착각에 따른 신뢰에 불과하므로 기껏해야 적절하지 않은 대상에 대한 잘못된 신뢰가 될 것입니다.

나아가 단순히 상대에게 의존하는 경우와 달리 누군가를 신뢰할 때는 상대가 그 신뢰에 부응하여 신뢰받은 대로 행동할 거라고 믿습니다. 그런데 어떤 때에는 상대가 나의 신뢰에 부응하지 '않을' 거라는 예상에 의존하는 경우도 있지요.

대표적인 예로 우리에게 친숙한 청개구리 이야기가 있습니다. 잘 알려져 있듯 청개구리는 엄마의 말씀에 반대로만 했습니다. 언덕에서 놀라고 하면 물가에서 놀고, 윗동네로 가라고 하면 아랫동네로 가고, '개굴개굴' 울라고 하면 '굴개굴개' 울며 엄마를 놀리듯 반대로만 행동했지요. 항상 말을 듣지 않는 청개구리 때문에 속병이 난 엄마는 급기야 몸져누웠고 청개구리를 불러 유언을 남깁니다. "청개구리야, 엄마가 죽거든 물가에다 묻어다오." 하지만 그건 진심으로 물가에 묻히고 싶었기 때문이 아니었습니다. 항상 엄마 말에 반대로만 하는 청개구리가 이 말을 들으면 물가에서 먼 양지바른 곳에 묻어줄 거라고 믿었기 때문입니다. 하지만 엄마가 세상을 떠나자 청개구리는 슬픔 속에서 크게 뉘우치고 마지막 말씀만은 그대로 따라 물가에 묻어드리지요. 그래서 청개구리는 비가 올 때마다 엄마 걱정에 개굴개굴 울어댄다는 이야기, 여러분도 한번쯤 들어보셨을 겁니다.

참으로 슬프고 안타까운 이야기입니다. 여기서 우리의 질문은 "청개구리 엄마가 청개구리를 '신뢰했다'고 말할 수 있을까?"입니다. 아무래도 엄마가 청개구리를 신뢰했다고 보기는 어려울 것 같습니다. 정말 신뢰했다면 자기가 하라는 대로 따를 것이라고 예상했겠지요. 그렇다고 마지막이나마 어머니의 유언을 따른 청개구리가 신뢰를 '저버렸다'고 하는 것도 이상합니다. 애초에 청개구리는 저버릴 신뢰를 받은 적도 없기 때문이지요. 이처럼 청개구리 엄마는 청개구리가 자신의 말에 따를 것이라는 신뢰를 갖고 있지 않았고 자기가 말한 반대로 행동할 것이라는 예상만 했습니다. 그렇기 때문에 이번에도 반대로 할 것이라는 예상에 의존하여 자신이 실제로 원하는 바와 반대로 말한 것이지요. 이런 점에서 청개구리가 한 일은 그 예상에서 벗어났다고 말할 수는 있어도 신뢰를 저버렸다고 하기는 어려울 것 같습니다. 어쨌든 청개구리는 엄마가 자신에게 바랐다고 믿는 대로 행동한 것이니까요. 이 경우는 청개구리 엄마가 신뢰했다고 하기보다 청개구리의 행동에 대한 예상에 단순히 의존한 사례라고 보는 편이 더 적절할 것입니다.

● 신뢰 vs. 단순한 믿음

이번에는 신뢰와 **단순한 믿음**mere belief의 차이를 살펴보겠습니다. 사실 상대가 신뢰할 만하다는 믿음은 신뢰를 구성하는 요소이고 '믿음'이라는 개념은 좀 더 넓은 뜻을 지녔습니다. 하지만 여기서는 좀 더 좁은 의미의 단순한 믿음을 신뢰와 비교해보겠습니다.

좁은 의미에서 봤을 때 믿음이란 '1 더하기 2는 3이다', '하늘이 푸르다' 등과 같은 명제가 참이라고 보는 태도입니다. 이런 의미의 믿음이 신뢰와 다른 점은 의지할 대상이 존재하지 않는다는 것입니다. 하늘의 신인 제우스가 하늘을 푸르게 만들어주리라고 믿는다면 그건 신뢰의 사례라고 볼 수 있겠지만 말이지요. 신뢰는 미래에 일어날 일에 대한 단순한 믿음, 즉 단순한 예상과도 다릅니다. 예를 들어 내일 아침 옆집 아이가 학교에 등교하리라고 예상하는 사람이 있다고 해보지요. 그런데 이 아이가 귀찮아서 학교에 안 갔다고 해서 이 사람이 실망하거나 배신감을 느끼지는 않습니다. 아이의 등교에 의존하는 점이 없고 단순히 예상했을 뿐이니까요.

그에 반해 신뢰하는 경우에는, 이를테면 연인이 날 사랑한다는 믿음 같은 것에 의존하는 것입니다. 이 경우 연인이 나를 사랑한다는 믿음이 참이어야 내 마음이 다치지 않겠지요. 그리고 앞서 말씀드린 피디아스와 다몬의 이야기에서 다몬 역시 피디아스라는 대상이 돌아올 것이라고 믿고 그의 선택에 자신의 목숨을 내맡기고 있는 거겠지요. 그런 의미에서 단순한 믿음과도 신뢰는 다르다고 할 수 있습니다.

◦ 신뢰 vs. 앎

마지막으로 신뢰와 앎knowledge의 차이에 대해 이야기해보겠습니다. 둘은 중요한 차이가 있습니다. 상대의 성향을 완벽하게 알고 있다면 신뢰가 할 일이 없어지니까요. 상대가 기대한 대로 행동할 것이라는 증거가 완벽해 100퍼센트 확신할 수 있을 때, 그것은 신뢰라기보다는 앎의 영역에 해당한다고 할 수 있기 때문입니다.

예를 들어 누군가 자기 배우자의 외도를 의심할 수 있습니다. 이 사람이 배우자를 밀실에 감금해놓았다고 상상해보세요. 이제 이 사람은 자기 배우자가 바람을 피우지 않는 것이 확실하다고 믿고 그 믿음에 의존하여 하루하루 안심하고 살아갑니다. 하지만 그의 태도는 엄밀히 말하면 배우자에 대한 신뢰가 아닙니다. 이 사람이 배우자의 정절을 믿는 건 갇혀 있다는 사실을 알고 있기 때문이고, 그가 안심하는 것 역시 그 앎에 기반한 것이기 때문입니다.

만약 그의 태도가 정말로 신뢰에 기반한다면 배우자가 자유로운 상태에 있어 어떤 선택을 할지 확실히 알 수 없을 때에도 안심할 수 있을 것입니다. 예를 들어 이 사람에게 친구가 "네 아내가 지금 외도하고 있지 않다는 걸 어떻게 믿을 수 있어?"라고 묻는 상황을 생각해보세요. 그때 "나는 내 아내를 믿어. 물론 아내를 가두어놓은 것도 아니니까, 나 몰래 바람을 피우는 게 불가능한 건 아니지. 그래도 난 아내가 나를 배신하지 않았을 거라고 믿어"라고 답하는 태도가 신뢰를 보여주는 것입니다.

상대에 대한 앎에 기반한 의존은 완벽하지 못한 증거에도 불구하고 위험을 감수하는 선택을 하는 신뢰가 보여주는 특유의 아름다움을 갖지 못합니다. 배신의 가능성이 존재함을 알면서도 끝까지 피디아스를 믿고 자신의 목숨을 거는 다몬의 태도는 그래서 우리에게 깊은 울림을 줍니다. 그런데 사실 자유의지를 가진 두 존재의 경우에는 서로에 대한 완벽한 앎이 불가능합니다. 누군가가 자유롭다는 것은 그야말로 선택이 자기 의지에 달려 있다는 말이니 이 사람이 무슨 선택을 할지 미리 알 수가 없다는 뜻이니까요. 무엇을 할지 완벽하게 알고 있다면 이 사람은 자유롭지 않다는 뜻일 것입니다. 자유롭지 않고 결정되어 있어야 그것에 대한 앎이 비로소 가능할 테니까요. 그런 면에서 서로를 완벽하게 알 수 없는 불완전한 존재 간의 신뢰 관계에는 독특한 가치와 아름다움이 있습니다.

신뢰의 가치는 어디에 있을까?

이제부터는 신뢰의 가치가 어디에 있는지 살펴보겠습니다.

○ 신뢰의 도구적 가치

1. 신뢰가 있어야 평화가 유지된다

먼저 신뢰가 어떤 점에서 우리 삶에 도움이 되는지 이야기해 보지요. 우선 신뢰가 없이는 평화도 없습니다. 상대방이 공격하지 않을 것이라는 최소한의 신뢰가 있어야만 평화가 유지될 수 있으니까요. 만약 홉스가 말한 자연 상태, 즉 '만인에 의한 만인의 투쟁 상태'가 된다면 서로 언제 공격할지 모르는 상황이 지속될 것이고, 이런 불신의 상황에서는 누구도 안전을 보장받을 수 없게 됩니다. 따라서 신뢰가 기본이 되어야만 우리는 서로의 안전을 보장하며 평화로운 공존을 이룰 수 있습니다.

2. 신뢰가 없이는 협력도 없다

신뢰는 협력의 전제조건이 되기도 합니다. 인간은 서로 힘을 합칠 때 혼자서는 해낼 수 없는 엄청난 일을 이루어냅니다. 예를 들어 달 착륙과 같은 성과는 사람들이 서로의 지식과 기술을 나누고 믿고 의지했기 때문에 가능했습니다. 또한 '탄소배출 줄이기'와 같은 녹색 혁명도 상대가 체결한 협약대로 이행할 것이라는 신뢰 속에서만 목적한 바에 다가갈 수 있습니다. 이렇듯 신뢰가 있어야만 서로의 역할을 믿고 의지할 수 있으며, 이를 통해 크고 복잡한 목표를 이루어낼 수 있습니다. 그런 점에서 신뢰는 단순히 평화를 위한 조건을 넘어 인간이 협력해 더 큰 성과를 이루기 위한 전제조건이 되는 것입니다.

3. 신뢰가 신뢰할 만한 사람을 만든다

신뢰가 가진 또 다른 중요한 힘은 피그말리온 효과입니다. 피그말리온은 고대 그리스 신화에 등장하는 훌륭한 조각가였는데, 너무나 아름다운 작품을 만든 나머지 자신이 만든 조각상을 사랑하게 됩니다. 그는 매일매일 그 조각상이 사람이 되어 자신의 사랑을 받아주기를 간절히 바랍니다. 그 정성에 감동한 미의 여신 아프로디테가 결국 그 바람을 이루어줍니다. '피그말리온 효과'라는 말은 이 신화에서 따온 것으로, 무언가에 대한 강한 믿음이 그 믿음을 실현하는 데 도움을 주는 경향을 말합니다. 이렇듯 피그말리온 효과는 신뢰를 받는 사람이 그 신뢰에 부응하여 실제로 더욱 신뢰할 만한 사람이 되는 현상을 설명합니다. 예를 들어 "너는 참 잘해낼 거야", "너는 게으름을 피우지 않고 열심히 할 거야"라는 신뢰를 받으면 그 사람은 자신에 대한 믿음을 가지게 되고, 실제로 신뢰할 만한 사람이 될 힘을 얻게 됩니다.

4. 신뢰하면 기대하던 효과가 더 커진다

플라세보 효과도 이와 유사한 맥락에서 이해할 수 있습니다. 플라세보 효과란 약제가 아닌데도 불구하고 그것이 약효가 있다고 믿으면 치료 효과를 보게 되는 현상을 말합니다. 고대 그리스 시대의 의사 갈렌은 "가장 신뢰받는 의사가 질병을 가장 잘 고친다"라고 말했습니다. 이는 환자가 자신을 치료해주는 의사를 신뢰하면 그 치료 효과도 높아지는 현상을 잘 표현합니다.

한 걸음 더 나아가자면 "신뢰받는 세상이 우리를 가장 행복하게 해준다"라고도 말할 수 있습니다. 세상이 직접 나를 행복하게 해줄 수는 없으니 우리는 세상을 신뢰하는 수밖에 없습니다. "세상은 나를 행복하게 해줄 것이다"라는 말의 진위를 객관적으로 검증하기는 어렵습니다. 하지만 이러한 말은 내뱉음으로써 현실로 드러나게 만드는 자기실현적 예언이 될 수도 있습니다. '플라세보'라는 말은 '나는 기쁘게 할 것이다'라는 라틴어에서 왔다고 합니다. 나는 행복할 수 있다고 믿는 것, 이 행복의 플라세보를 우리는 '희망'이라고 부릅니다. 이렇듯 신뢰는 우리에게 중요한 것들이 실현되는 데 중요한 역할을 합니다.

5. 신뢰를 하면 신뢰를 받는다

마지막으로 신뢰는 신뢰를 부르는 효과가 있습니다. 미국의 작가 랠프 왈도 에머슨은 "누군가를 신뢰하면 그들도 너를 진심으로 대할 것이다"라고 말했습니다. 우리가 누군가를 신뢰하면 그 사람도 우리를 신뢰하게 될 확률이 높아지는 것이지요. 이는 일종의 선순환으로, 신뢰를 주고받음으로써 서로가 서로를 신뢰하는 마음이 더 커지는 효과가 있습니다.

결론적으로, 신뢰는 사람들에게 큰 영향을 미칩니다. 신뢰는 사람을 변화시키고, 그들이 더 나은 성과를 이룰 수 있도록 돕습니다. 이러한 신뢰의 힘은 인간관계와 협력, 그리고 치료와 같은 다양한 영역에서 중요한 역할을 합니다.

○ 신뢰의
윤리적 가치

지금까지 신뢰의 도구적 가치들을 살펴보았습니다. 하지만 단지 도구적 효용성 때문에 상대를 신뢰하는 것은 바람직하지 않으며 그런 경우는 타산적인 이유로 하는 단순한 의존과 크게 다르지 않을 것입니다. 따라서 신뢰가 갖는 진정한 의미를 알기

위해서도 신뢰의 윤리적 또는 내재적 가치를 함께 살펴보아야
합니다.

1. 신뢰는 도덕성의 근간이 된다

먼저 신뢰는 도덕성의 근간이 됩니다. 철학자 아네트 바이어
는 "도덕성은 그 자체로 협력 활동이고 사람들이 적어도 도덕적
이고자 노력하는 신뢰를 서로 할 수 있을 때에만 도덕이라는 것
이 시작될 수 있다"라고 말했습니다. 상대가 나를 해치지 않을
것이라는 신뢰, 내가 상대에게 호의를 베풀면 상대도 나에게 감
사하며 호의를 돌려줄 것이라는 신뢰가 결여된 사회를 생각해
보세요. 이런 사회에서는 서로 돕고 위하는 공동체적 삶을 기대
하기 어려울 것입니다. 이런 근본적인 의미에서 신뢰는 도덕의
근간이라고 할 수 있습니다.

2. 신뢰는 깊은 인간관계의 밑바탕이다

또한 신뢰는 바람직한 친밀한 관계의 구성 요소입니다. 친구
나 가족처럼 사랑하는 사람과의 관계가 안정적이고 지속 가능
하기 위해서는 신뢰가 밑바탕에 깔려 있어야 합니다. 누군가와
가깝게 지내면 그 사람과 삶의 많은 부분을 공유하게 되겠지요.
가령 부부는 일상의 대부분을 공유하고 다른 사람에게 보여주
지 않는 모습도 많이 보여주며 삶의 중요한 결정들을 함께해나

가게 됩니다. 자연스럽게 각자의 선택이 서로의 안녕에 큰 영향을 미치게 되지요. 그래서 누군가와 결혼하기로 결심한다는 것은 자기 삶의 중요한 영역을 기꺼이 상대에게 내맡기겠다는 마음을 보여주는 것입니다. 그런 의미에서 누군가를 신뢰한다는 것은 그 사람에 대한 존중의 표현이기도 하지요. 상대를 나의 목적과 욕구에 따라 완벽하게 통제하려고 하는 대신 내가 영향받을 수 있는 영역에서도 상대의 선택과 재량에 맡김으로써 자율적이고 합리적인 인격체로서 존중하는 태도를 보여주는 것이니까요. 그래서 신뢰는 '내 삶의 취약한 영역으로의 정중한 초대'라고도 표현할 수 있는 것입니다.

스스로의 의지로 신뢰할 수 있을까?

이제부터는 스스로의 의지로 신뢰할 수 있는지, 즉 '신뢰할 결심'만으로 신뢰할 수 있는 것인지에 대해 이야기해보겠습니다. 지금까지 보았듯 신뢰란 단순하지 않습니다. 믿음, 정서의 측면도 있는데 의지적 요소까지 섞인 독특한 태도이기 때문에 이해하기가 쉽지 않지요. 그런데 우리는 "여러분, 서로를 신뢰해야 합니다!" 또는 "날 믿어줘!"처럼 신뢰를 호소하거나 요청하는 말을 자주 듣습니다. 하지만 이런 말들에 따라 신뢰를 실천하려면 자신의 의지로 상대를 신뢰하는 일이 가능해야 할 것입니다. 나의 의지와 상관없이 신뢰 여부가 결정된다면 이런 말은 "다시 태어나줘!"나 "1 더하기 2를 5로 만들어!"처럼 뜻대로 실천할 수 없는 공허한 외침에 지나지 않을 테니까요.

∘ 스스로의 의지로
신뢰하기 어려운 이유

1. 믿음은 의지만으로 바꾸기 어렵다

지금부터는 신뢰할 결심만으로는 신뢰하기 어려운 이유들을 살펴보겠습니다. 첫 번째는 신뢰의 인식적 측면입니다. 어떤 믿음을 형성하는 데는 객관적으로 주어지는 증거의 역할이 중요하기 때문입니다. 예를 들어 여러분이 지금 결심한다고 해서 지구가 둥글지 않다는 믿음을 갖기는 어려울 것입니다. 이미 인공위성에서 찍은 지구 사진도 보고 곡선으로 나타나는 수평선도 보는 등 많은 증거에 근거해서 '지구는 둥글다'는 믿음을 형성했기 때문이지요. 수십 번이나 빌려준 돈을 갚지 않은 친구가 "한 번만 더 믿어봐!"라고 호소한다고 해서 하루아침에 그 친구를 신뢰할 수 있게 되는 것도 아니겠지요. 물론 그동안의 정 때문에 버리는 셈 치고 또 한 번 돈을 빌려줄 수는 있겠지만 이것이 진정한 의미의 신뢰에서 우러나온 행위라고 하기는 어려울 것입니다. 이런 사례들이 보여주듯이 신뢰에는 믿음의 요소가 들어가 있기 때문에 스스로의 의지로만 신뢰를 갖기는 쉽지 않습니다.

2. 감정도 의지만으로 바꾸기 어렵다

신뢰의 정서적 측면 역시 자기 의지만으로 신뢰나 불신을 결정하기 어렵게 만듭니다. 누군가를 신뢰하는 사람은 대체로 그 상대에게 긍정적인 감정을 갖지요. 이러한 감정을 스스로의 의지로 통제하는 건 쉽지 않은 일입니다. 예를 들어 못 미더운 첫인상을 가진 사람을 만났을 때 믿고 의지하기 어려운 경우가 있습니다. 인상만으로 상대를 불신하는 태도가 바람직하지 않다고 하더라도 원초적 감정을 뜻대로 바꾸기는 어려운 것이 사실이지요. 또한 자기 어머니를 향한 신뢰와 사랑이 너무 강할 때 어머니가 나쁜 일을 했다는 증거가 있어도 신뢰를 내려놓기 어려워 자기도 모르게 증거를 외면하거나 왜곡하여 해석할 수 있습니다. 이런 경우는 거꾸로 의지를 통해 신뢰를 내려놓기가 어려운 사례입니다.

3. 신뢰하는 능력을 잃어버릴 수도 있다

또한 신뢰할 수 있는 능력을 상실한 경우에도 본인의 의지만으로 누군가를 신뢰하기 어려울 것입니다. 대표적인 예로 어릴 때 성폭행을 당하거나 입양됐다가 파양당하는 경우가 있지요. 이런 아픈 경험이 있는 경우에는 자기 의지와는 상관없이 자신이 버림받지 않을 것이라는 믿음을 가지기 어렵게 됩니다. 나아가 세상에 대한 신뢰와 더불어 결국 자기 자신에 대한 신뢰마저 잃어버릴 위험이 있지요. 특히 어린 시절에 아이들이 신뢰할 수 있는 마음을 잃지 않도록 우리 모두가 힘써야 하는 이유이기도 합니다.

◦ 스스로의 의지로 신뢰할 수 있는 이유

1. 증거를 조절하기

지금까지 단순히 믿고 싶다는 마음만으로는 신뢰를 형성하기 어렵게 만드는 요소들을 살펴보았습니다. 반면에 의지로 신뢰를 어느 정도 조절할 수 있는 근거들도 존재합니다. 먼저 증거를 선택적으로 받아들이는 경우입니다. 이는 상대가 신뢰할 만하다는 증거에 집중하고 그렇지 못하다는 증거는 무시하는 태도를 지닐 수 있다는 의미입니다. 예를 들어 믿었던 친구가 뒤에서 내 욕을 하고 다닌다는 소문을 전해 들을 때 이간질하려는 음모라고 믿으며 증거로 채택하지 않을 수도 있지요. 그런 태도를 가지고 주위 사람들의 제보나 소문을 한 귀로 듣고 한 귀로 흘려보내면 상대에 대한 신뢰를 잃는 시점이 좀 더 천천히 찾아올 수 있습니다. 하지만 실제로 친구가 나를 욕하는 동영상처럼 너무 강력한 증거를 직면하면 신뢰를 유지하기는 어려울 것입니다.

그런 점에서 증거의 조절을 통한 신뢰의 조절에도 한계가 있기는 합니다.

2. 상대를 실제로 믿을 만하게 만들기

또한 실제로 상대를 더 믿을 만하게 만드는 방법도 있습니다. 예를 들어 못 미덥게 여겨지는 친구를 격려하고 다른 사람의 신뢰에 보답하는 일의 중요성을 알려주는 등 그가 더욱 신뢰할 만한 사람이 되도록 직접 도와주는 것이지요. 이렇게 되면 본인이 그 친구에 대해 실제로 알고 나서도 그를 신뢰할 가능성이 높아질 수 있습니다. 맛없는 걸 억지로 먹기보다 맛있는 요리를 만들어 더 잘 먹을 수 있게 만드는 것과 비슷한 접근이라고 할 수 있습니다.

3. 신뢰를 얻을 기회를 주기

마지막으로, 신뢰할 결심을 통해 신뢰를 실천하는 경우도 있습니다. 엄밀하게 말하면 온전한 의미에서 상대를 신뢰하는 것이라기보다는 상대에게 신뢰를 얻을 기회를 주는 것이지요. **치료적 신뢰**therapeutic trust가 그 대표적 사례라고 할 수 있습니다. "너에게는 이미 기회를 줬어. 이제 더 이상은 믿을 수 없어"라고 하는 대신 "알았어. 한 번만 더 믿어볼게"라고 하면서 상대의 선택에 맡겨보는 것이지요. 물론 이런 경우에는 신뢰하는 사람이 여전히 불안하거나 크게 기대하지 않을 수 있다는 점에서 진정한 신뢰라고 보기는 어려울 수 있습니다. 그러나 이러한 태도는 적어도 미래에 대한 신뢰에 해당되며 그런 점에서 실천적 관점에서의 신뢰를 어느 정도 의지로 조절할 수 있다고 볼 근거가 되는 것입니다.

지금까지 살펴보았듯 신뢰에는 인식적·정서적 요소 때문에 스스로의 의지로 바꾸기 어려운 점도 있지만 직간접적으로 신뢰의 농도를 조절할 수 있는 여지도 어느 정도 존재합니다. 신뢰를 제대로 이해하고 실천하려면 신뢰가 지닌 이러한 여러 가지 요소를 균형 있게 파악할 필요가 있습니다.

자신에 대한 신뢰는 어떤 것일까?

이번에는 자신에 대한 신뢰에 대해 살펴보겠습니다. 우리는 스스로를 신뢰할 수도 있고, 신뢰하지 않을 수도 있습니다. 자기 신뢰의 한 가지 흥미로운 점은 신뢰하는 사람으로서의 자신과 신뢰받는 사람으로서의 자신이 나뉜다는 것입니다. 또한 자신에 대한 신뢰를 스스로 저버렸을 때 배신감보다는 실망감을 느끼게 되리라는 점도 특징적인 부분입니다. 타인에 대한 신뢰의 경우와 달리 자기가 자신에 대한 악의로 인해 스스로를 배신했다고 보기는 어려운 면이 있으니까요.

◦ 자신감,
스스로를 믿는 느낌

우리가 흔히 말하는 '자신감'은 곧 자신을 신뢰하는 느낌입니다. 그러니 스스로를 믿는 사람이 강한 자신감을 갖는 건 자연스러운 일이지요. 어떤 상황에서도 '나는 해낼 수 있다'는 믿음이 있다면, 그 믿음 자체가 주어진 일을 실제로 해낼 수 있도록 해주는 중요한 능력이 될 수도 있습니다.

◦ 근거 없는
자신감의 힘

자신감을 갖기 위해 반드시 요구되는 성취 같은 것은 없고 자신감을 갖기에 충분한 능력 같은 것도 존재하지 않습니다. 올림픽에서 금메달을 목에 건 운동선수도 자신감이 부족할 수 있고 능력도 부족하고 가시적인 성취도 이루지 못한 초보 운동선수가 자신감에 충만해 있을 수도 있으니까요. 탁월한 성취나 능력이 없더라도 자신을 신뢰하는 태도를 두고 우리는 '근거 없는 자신감'이라고 부릅니다. "난 하늘을 날 수 있어!" 또는 "나는 사람들의 마음을 읽을 수 있어"와 같이 터무니없는 종류의 자신감만 아니라면 '근거 없는 자신감'은 기본적으로 긍정적이고 좋은 태도가 될 수 있습니다. 하지만 반복되는 실패의 경험이나 심리적인 성향 때문에 자신에 대한 신뢰를 잃게 되면, 다른 사람이나 세상에 대한 신뢰도 어려워지게 됩니다. 자신을 먼저 믿어야 다른 사람도 믿을 수 있으니까요.

한국인 최초로 필즈상을 수상한 수학자 허준이 교수도 인터뷰에서 '근거 없는 자신감'의 중요성을 강조한 바 있습니다. 근거 있는 자신감의 경우에는 높은 시험 성적이나 주변의 칭찬 등 그 근거가 없어지는 순간 함께 무너질 위험이 있다는 것이지요. 그에 반해 근거 없는 자신감은 우연적인 성취나 능력이 없어지는 힘든 상황이 오더라도 인생을 끝까지 유연하게 잘 살아가게 하는 힘이 되어준다고 허준이 교수는 이야기합니다. 근거 없는 자신감이 갖는 힘을 잘 표현해준 중요한 통찰입니다.

◦ 남이 주는 신뢰가
자신감의 근거가 된다

실패가 반복되거나 마음이 약해 자신감을 갖기 어려울 때는 다른 사람의 신뢰에서 도움을 받는 방법도 있습니다. 누군가가 나를 믿어준다면 그 자체가 스스로를 신뢰할 수 있는 근거가 될 수 있으니까요. 예를 하나 들어보겠습니다. 성주는 공부를 열심히 해서 명문 대학에 합격합니다. 그런데 막상 들어가 보니 수준이 너무 높아서 자신감이 떨어졌지요. 자괴감에 하루하루가 괴로웠고 나 같은 못난 학생이 도대체 어떻게 입학한 건지 스스로를 의심하기에 이르렀습니다. 그러다 성주는 문득 이런 생각을 했습니다. '그래도 이 학교에서는 오랜 세월 동안 학생들을 선별하는 작업을 해왔을 텐데, 여기서 나를 뽑았다는 것은 나조차 보지 못한 잠재력을 나에게서 발견한 것이 아닐까? 무사히 과정을 마치고 졸업할 수 있을 거라는 신뢰를 보내준 것이 아닐까?' 스스로를 믿을 수 없을 때 자신을 믿어주는 존재의 눈과 진심을 믿기로 한 것입니다. 그 뒤로 성주는 자신감을 되찾아 무사히 졸업할 수 있었습니다. 이처럼 자기 신뢰의 경우에도 타인의 신뢰가 큰 역할을 할 수 있습니다. 서로가 서로를 신뢰하고 지지해주는 공동체의 존재가 중요한 이유입니다.

○ 자기 신뢰는 자율성의 중요한 조건

자신에 대한 신뢰는 스스로 생각하고 선택하며 행동하는 자율성의 중요한 조건입니다. 스스로를 믿어야 제대로 된 결단을 내릴 수 있고 자기 신뢰가 없으면 남들도 나를 믿기 어려워지지요. 이처럼 자기 신뢰의 중요성을 두고 전설적인 권투선수인 무하마드 알리는 이런 말을 했습니다.

믿음이 부족하기 때문에 도전하길 두려워하는 바, 나는 스스로를 믿는다.

_무하마드 알리

그는 항상 '나는 이길 것이다'라고 선언하며 스스로를 믿을 수밖에 없는 상황으로 몰아붙였고, 이를 결국 실현했습니다. 이렇게 자신감으로 가득 찬 사람, 즉 자신에 대한 신뢰가 강한 사람은 다른 사람들도 더 신뢰를 보내게 됩니다. 자신조차 신뢰하지 못한다면 어떻게 다른 사람들이 그 사람을 신뢰할 수 있을까요? 이렇게 자기 신뢰는 우리가 당당하게 자율적으로 살아가는 데 매우 중요한 태도라고 할 수 있습니다.

어떤 사람이 신뢰할 만할까?

○ 신뢰할 만한 사람의 덕목

지금까지 신뢰에 대해 여러 가지를 이야기해보았습니다. 이제는 신뢰에 관하여 어떤 성향을 갖는 것이 바람직한지 살펴보겠습니다. 우선 **신뢰성**trustworthiness을 가진 사람, 즉 우리가 흔히 말하는 '신뢰할 만한 사람'에 대해 이야기해보지요. 신뢰할 만한 사람이란 간단히 말해 우리가 무언가를 믿고 맡기면 그 신뢰를 저버리지 않고 그대로 수행할 능력과 의지, 그리고 동기가 있는 사람이라고 할 수 있습니다.

○ 신뢰성의 구성 요소

1. 능력

신뢰성의 첫 번째 구성 요소는 맡겨진 일을 해낼 능력입니다. 우리가 어떤 사람에게 어떤 일을 믿고 맡긴다는 것은 그 사람의 수행 능력을 신뢰한다는 뜻이겠지요. 예를 들어 피디아스가 고향을 방문한 뒤 자기 대신 잡혀 있는 다몬에게 돌아가고 싶어도 체력이 달리거나 방향감각이 부족했다면 시간 내에 돌아갈 수 없었을 것입니다. 즉 다몬은 피디아스를 신뢰할 때 돌아올 수 있는 능력을 함께 신뢰한 것입니다. 이러한 사례는 일상에서도 쉽게 찾아볼 수 있지요. 가령 우리가 여행을 가야 해서 기르던 강아지를 누군가에게 맡겨야 한다면 강아지 공포증이나 개털 알레르기가 있는 사람에게 맡기지는 않을 것입니다. 그런 사람은 맡은 강아지를 제대로 돌보고 싶어도 돌볼 수 없을 테니까요. 이처럼 신뢰에 부응할 수 있는 능력은 신뢰성의 첫 번째 조건이라고 할 수 있습니다.

2. 의지

신뢰성의 두 번째 요소는 맡겨진 일을 신뢰받은 대로 해내고자 하는 의지입니다. 능력이 부족해서 신뢰에 부응하지 못한 경우에는 기껏 해야 실망감을 느끼겠지만, 그럴 의지가 없어서 신뢰를 저버리는 경우에는 배신감을 느끼게 됩니다. 그렇기 때문에 능력보다 의지가 더 중요한 요소라고 할 수 있습니다. 신뢰할 만한 사람은 맡은 바를 수행할 의지가 있는 사람이어야 합니다. 다몬의 경우 피디아스가 자신에게 돌아올 강한 의지가 있다고 믿었던 것이지요. 만약 피디아스에게 돌아올 의지가 없었다면 그는 다몬의 신뢰를 받을 만한 자격이 없다고 해야 할 것입니다. 피디아스가 도망가려다 우연히 풍랑을 만나 다몬이 있는 곳으로 휩쓸려 온다 해도 이것이 그의 신뢰성을 보여주지는 않습니다. 의지 없이는 신뢰성도 없으니까요.

3. 동기

마지막으로 맡겨진 일을 수행하려는 동기의 종류 역시 신뢰성의 중요한 척도가 됩니다. 신뢰할 만한 사람은 충분한 능력과 의지뿐 아니라 적절한 동기도 함께 지녀야 합니다. 신뢰는 단순히 '위험 관리risk management'의 문제가 아니기 때문에 신뢰를 받은 사람이 어떤 동기를 갖는지가 매우 중요하지요. 적절한 동기의 존재와 지속성, 그리고 그 성격이 신뢰성의 핵심 요소가 됩니다.

그렇다면 어떤 동기가 신뢰성에 걸맞은 동기일까요? 물론 이는 쉬운 문제가 아닙니다. 하지만 적어도 받은 신뢰를 소중히 여기는 마음은 필요할 것입니다. 신뢰를 받든 말든 행동에 변화가 없는 사람을 두고 신뢰할 만하다고 하지는 않을 테니까요.

예를 들어 재동이는 친구 감태가 어려울 때 자신을 도와줄 것이라고 신뢰하고 있었습니다. 재동이가 이사 가는 날 부탁을 받은 감태가 와서 도와줍니다. 하지만 이것은 재동이의 신뢰에 부응하려는 동기에서 우러나온 것이 아니었고 단지 재동이 아내가 몰래 챙겨준 용돈 때문에 한 일이었지요. 이 경우 감태는 신뢰할 만한 친구라고 하기 어려워 보입니다. 비록 충분한 능력과 의지로 이사를 도왔지만 적절한 동기에서 우러나온 것은 아니었기 때문입니다. 재동이가 다음에 또 이사를 한다면 감태는 그의 신뢰와 관계없이 오직 돈을 주는지 여부에 따라서만 도울지 말지를 결정할 수도 있습니다.

이처럼 신뢰성에는 적절한 동기가 필요합니다. 구체적으로 말하자면 신뢰성을 가진 사람은 적어도 타인의 신뢰에 적절히 반응하고 그 신뢰를 저버리지 않으려는 책임감을 지니고 있어야 합니다. 신뢰받는 사람은 그 신뢰를 무겁게 받아들이고, 그에 적합하게 행동하려는 태도를 갖추어야 합니다. 이러한 태도가 신뢰성의 핵심이라고 할 수 있습니다. 신뢰할 만한 사람은 대체로 누군가가 자신을 신뢰한다는 사실에서 신뢰받은 대로 행동할 동기를 부여받습니다.

약속을 하는 경우에도 신뢰성은 중요한 역할을 합니다. 신뢰하지 못할 사람과는 애초에 약속을 하지 않지요. 약속을 지킬 것이라는 믿음이 없기 때문입니다. 가령 누군가에게 5만 원을 빌려주면서 다음 주까지 갚기로 약속을 받는 상황을 떠올려볼 수 있습니다. 돈을 빌리는 사람이 신뢰할 만한 사람이라면 그는 약속했다는 사실을 그 약속을 이행할 이유로 삼습니다. 우리가 그와 약속했다는 사실 자체가 자기가 돈을 갚을 것이라는 신뢰의 표현이니까요. 그래서 신뢰성 있는 사람은 신뢰를 무겁게 여기고 약속도 잘 지키는 것입니다.

◦ 신뢰
주고받기

그렇기 때문에 신뢰성 있는 사람은 아무 신뢰나 받아들이지 않습니다. 오히려 자신이 부응할 수 있는 신뢰만을 받아들이지요. 예를 들어 그런 사람은 부탁을 받을 때에도 제대로 들어줄 수 있는 상황이나 능력이 되지 않으면 정중히 거절할 줄 압니다. 남의 신뢰를 소중히 여기는 사람은 애초에 능력 이상의 기대를 받고 싶어 하지 않으니까요. 신뢰성 있는 사람은 아무 신뢰나 덜컥 받아들이지 않고 자신이 저버리지 않을 자신이 있는 신뢰만을 받아들입니다. 이런 이유에서 신뢰성 있는 사람은 책임감 역시 강한 것입니다.

거꾸로 보면 누군가가 다른 사람을 멋대로 신뢰해놓고 배신했다고 화를 내는 것 역시 부당한 일입니다. 예를 들어 지혜가 자신에게 관심이 있다고 착각한 상준이가 지혜가 다른 남자와 사귀지 않을 것이라고 신뢰했다고 해봅시다. 하지만 지혜는 그런 상준이의 신뢰를 꿈에도 몰랐고 다른 남자를 좋아하여 사귀게 됩니다. 여기서 상준이가 배신감에 지혜를 비난한다면 지혜는 황당하기 짝이 없을 겁니다. 상준이가 그렇게 믿고 있었다는 사실을 지혜는 전해 듣지도 못했을뿐더러 그런 신뢰에 대해 전달받았다 하더라도 지혜에게 그 일방적 신뢰에 부응할 의무는 없으니까요. 이 사례에서 보듯 한 쪽에서 마음대로 보내는 신뢰에 부응하지 않는다고 해서 그 사람의 신뢰성이 떨어진다고 말할 수는 없습니다.

지혜롭게 신뢰하는 마음은 어떤 것일까?

지금까지 신뢰할 만한 사람에 대해 알아보았습니다. 하지만 아무리 신뢰성 있는 사람이라 해도 아무도 신뢰하지 않는다면 의미가 없겠지요. 신뢰할 만한 사람을 잘 알아보고 믿어주는 사람이 있어야 비로소 바람직한 신뢰 관계가 이루어질 테니까요.

하지만 신뢰를 '잘' 하는 사람, 즉 지혜롭게 신뢰성 있는 사람을 찾아 적절하게 신뢰를 주는 사람은 쉽게 찾아보기 어렵습니다. '신뢰는 정말 어렵지만 누구를 믿어야 할지 아는 건 더욱 어렵다'는 말도 있지요. 이제부터는 좋은 신뢰자, 즉 지혜롭고 덕스럽게 신뢰하는 사람이 가진 덕목인 '신뢰심'에 대해 알아보겠습니다.

○ 신뢰심이란 무엇일까?

신뢰성이 신뢰 '받는' 사람이 가져야 할 덕목이라면 **신뢰심** trustfulness은 신뢰 '하는' 사람이 가져야 할 덕목입니다. 신뢰심을 갖춘 사람은 아무나 신뢰하지 않지요. 그리스 철학자인 데모크리토스는 이렇게 말했습니다.

> 모두를 믿지 말고 가치 있는 이를 믿어라. 모두를 신뢰하는 것은 어리석고 가치 있는 이를 신뢰하는 것은 분별력의 표시이다.
>
> _데모크리토스

여기서 '가치'라는 것은 신뢰할 만한 가치를 의미합니다. 즉 아무나 믿지 말고 신뢰할 만한 사람을 믿으라는 뜻이지요. 이걸 해낼 수 있는 사람이 좋은 신뢰자일 것입니다. 그렇다면 우리는 어떻게 해야 좋은 신뢰자가 될 수 있을까요? 여기에서는 사적인 신뢰, 즉 가까운 사이인 가족이나 친구와 같은 관계에서 주고받는 신뢰에 집중해서 이야기해보겠습니다.

◦ 신뢰심의
인식적 요소와 태도적 요소

좋은 신뢰자의 덕목으로서 신뢰심은 두 가지 요소를 지녔습니다. 하나는 인식적 요소, 즉 상대의 신뢰성에 대한 올바른 판단 능력입니다. 예를 들어 사기꾼인지 아닌지도 모르고 덥석 믿는 사람은 이런 판단 능력이 부족하다고 할 수 있겠지요. 다른 하나는 태도적 요소로서, 신뢰가 갖는 위험에도 불구하고 상대를 존중하고 지지하는 마음에서 우러나와 신뢰를 보내는 것입니다. 어느 정도 증거가 쌓인 뒤에는 더 이상 증거를 요구하지 않는 태도를 말하지요. 서로를 믿기 위해 더 이상의 근거가 필요하지 않은 사이가 신뢰 관계이니까요.

그럼 이해를 돕기 위해 자신의 이익을 위해 누구에게 의존해야 할지 잘 고르는 사람, 즉 타산적 의존 능력을 가진 사람과 좋은 신뢰자, 즉 신뢰심을 갖춘 사람을 비교해보겠습니다. 먼저 단순한 타산적 의존 능력을 가진 의준이를 살펴보지요. 의준이는 함께 사업할 동료의 후보로 근원이를 고려합니다. 그는 근원이가 사업 동료로서 자신에게 손해만 끼치지 않으면 된다고 생각하며 그 속에 있는 동기는 아무래도 괜찮다고 생각합니다. 즉 근원이가 사업 동료로서 안정적으로 역할을 하기만 한다면 그 동기가 의준이의 보복에 대한 공포이든 자신의 장기적 이득에 대한 욕망이든 신경 쓰지 않습니다.

의준이는 근원이에게 의존하는 위험성을 줄이기 위한 조사를 하는 데에도 거리낌이 없습니다. 탐정을 고용해 근원이의 신상과 행적에 대한 조사를 철저히 하는가 하면 CCTV를 설치해 그의 일거수일투족도 기꺼이 감시합니다. 의준이의 타산적 관점에서 볼 때 사업에서 손해를 볼 위험이 적으면 적을수록 좋고 근원이가 믿을 만하다는 증거 역시 많으면 많을수록 좋은 것이지요.

이와 달리 신뢰심을 가진 사람은 이런 이해타산적인 태도만으로 상대를 대하지 않습니다. 예를 들어 준식이와 그의 아내 정아의 경우를 생각해보겠습니다. 준식이는 정아가 외도를 하지 않을 것이라고 신뢰합니다. 그 행동뿐만 아니라 그 행동이 나오도록 하는 정아의 동기 역시 중요하게 생각하는 것이지요. 준식이는 자신이 정아를 신뢰하고 있고, 정아가 그 사실을 알고 있다는 것이 그녀에게 신뢰를 저버리지 않을 충분한 이유가 될 것이라고 믿습니다. 준식이는 그동안 정아가 자신에게 충분히 신뢰할 만한 모습을 보여줬다고 생각하고 더 이상 그녀의 신뢰성을 의심하지 않습니다. 그렇기 때문에 의준이와 달리 준식이는 누

군가가 무료로 정아의 뒷조사를 해주고 CCTV를 설치해준다고
해도 "난 내 아내를 믿습니다"라고 말하며 거부합니다.

　여기서 중요한 건 준식이가 정아의 신뢰성에 대해 더 이상의
증거 수집을 거부하는 이유입니다. 그것은 바로 그녀에 대한 존
중입니다. 준식이처럼 신뢰심을 가진 사람은 상대의 신뢰성을
증명하기 위해 끊임없이 감시하지 않습니다. 지금 어디 있느냐,
'인증샷'을 찍어서 보내라, 아까는 전화를 왜 안 받았냐 하며 의
심에 못 이겨 닦달하지도 않습니다. 상대에 대한 존중 때문입니
다. 앞서 말했듯 정아가 자유로운 행위자인 이상 그녀가 준식이

의 기대에 어긋나는 행동을 할 '신뢰적 위험'은 이론적으로 항상 존재합니다. 그렇지만 준식이는 자신이 상처받을 확률을 최소화하는 데 집착하는 대신 그녀의 자유로운 선택에 자신의 안녕을 맡김으로써 그녀에 대한 존중을 보여주는 것입니다.

◦ 신뢰심과
신뢰성의 상호 의존성

이처럼 바람직한 신뢰 관계는 신뢰성과 신뢰심이 만나야 비로소 가능합니다. "아무도 신뢰하지 않는 자는 누구의 신뢰도 받지 못한다"라는 말이 있습니다. 신뢰할 만한 사람들이 있어야 신뢰가 형성될 수 있고, 그 신뢰성을 알아봐줄 수 있는 사람도 필요합니다. 다시 말해, 주위에 신뢰성 있는 사람이 있어야 하고, 신뢰심 있는 사람이 있어야 신뢰성을 제대로 인정받고 믿음을 줄 수 있습니다. 둘 중 하나라도 충족되지 못한다면 믿음을 주는 사람은 신뢰심을 지니고, 믿음을 받는 사람은 신뢰성을 지닌 이상적 신뢰 관계는 형성되기 어렵습니다. 이러한 의미에서 신뢰성과 신뢰심은 상호의존적인 덕목이라고 할 수 있습니다. 신뢰를 주고받는 관계는 한쪽의 노력으로는 유지될 수 없으며, 서로가 신뢰할 만한 사람임을 확인하고 인정할 때 진정한 신뢰가 형성되는 것입니다.

● 무너지기 쉬운
신뢰

신뢰는 쌓기는 어렵지만 무너지기는 너무나 쉽습니다. 신뢰를 실천하는 데 반드시 염두에 두어야 할 중요한 사실이지요. 오랜 기간 공들여 신뢰를 쌓아왔다 하더라도 상대의 신뢰를 저버리는 한 번의 실수나 오해로도 의심을 불러일으켜 신뢰 관계가 도미노처럼 무너져버릴 수가 있습니다. 이는 신뢰 관계 만들기를 어렵게 만드는 점 중 하나입니다.

가까운 관계일수록 신뢰가 무너질 때 타격이 큽니다. 팽팽하게 당겨진 고무줄일수록 놓쳤을 때 더 멀리 튕겨 나가듯 끈끈하게 맺어진 사이일수록 신뢰를 잃었을 때 더 멀어지게 되니까요. 잘 모르는 관계일 때 신뢰를 잃으면 다시 안 보면 그만입니다. 하지만 가까이 교류하고 좋은 마음을 가졌던 상대와의 신뢰 관계가 무너지면 관계의 단절을 넘어 상대에게 분노하고 원망하고 큰 배신감을 느끼기 쉽습니다. 그렇기 때문에 누군가와 서로 신뢰하는 관계를 쌓으려면 무너지기 쉬운 신뢰의 속성을 잘 이해하고 쥐면 부서질까 불면 날아갈까 하는 마음으로 조심스럽게 접근해야 합니다.

누군가 뜬금없이 다가와 서로 정말 믿느냐고 물었을 때도 흔들리지 않는 관계가 진짜 신뢰하는 관계라고 할 수 있습니다. 예를 들어 사귄 지 얼마 되지 않는 커플에게 "네 남자친구가 다른 여자와 걷고 있는 걸 봤다"라고 친구가 말하면 온갖 의심이 들고 불안해질 수 있지만, 오랫동안 끈끈한 신뢰 관계를 쌓아온 커플이라면 의심하기에 앞서 "아마 네가 잘못 봤을 거야. 그 사람이 그럴 리가 없어"라고 대답할 수 있을 것입니다. 물의 표면에 얕게 떠다니는 배는 그 방향이 쉽게 바뀝니다. 얕은 신뢰도 마찬가지입니다. 작은 유혹의 산들바람에도 쉽게 방향이 틀어지니까요. 깊이 쌓여온 신뢰는 그래서 불확실한 이 세상을 함께 살아가는 데 든든한 버팀목이 되어주는 것입니다.

◦ 신뢰심과 용기

그런데 이 신뢰심은 본질적으로 '위험하다'고 말할 수 있습니다. 신뢰성은 신뢰를 받는 쪽의 문제이지만, 신뢰심은 믿음을 주는 쪽의 문제이기 때문입니다. 앞서 말했듯 신뢰를 받는 상대는 자유로운 선택을 할 수 있는 존재이기 때문에 신뢰를 주는 쪽에서는 신뢰적 위험을 감수해야 합니다. 특히 가까운 사이일수록 그 위험은 더 커집니다. 낯선 사람이 나를 속였을 때는 약간의 배신감만 느끼지만, 가족이나 가장 친한 친구가 나를 배신했을 때는 배신감이 훨씬 더 크게 느껴질 테니까요. 그러나 이러한 관계를 맺기 위해서는 배신과 상처의 위험을 무릅쓰고 자신을 내맡기는 태도를 지녀야 합니다. 물론 언제나 그런 태도일 필요는 없고, 신뢰적 위험을 감수할 가치가 있는 경우에 자신을 내던지는 것이 중요하지요. 신뢰의 핵심은 배신하지 않을 것이라는 확신에 있는 게 아니라 안 그럴 것이라 믿지만 만일 그런다 해도 후회는 없을 것이라는 다짐에 있는지도 모릅니다. 정말 가치 있는 건 위험 없이 얻을 수 없으니까요. 그렇기 때문에 신뢰심은 경탄할 만한 덕목이며, 용기 있는 자만이 지닐 수 있는 아름다운 덕목이라고 할 수 있습니다.

못 믿는 마음과 잘 믿는 마음은 왜 나쁠까?

○ 신뢰심은 불신심과 경신심 사이의 중용

지금까지 좋은 신뢰자가 지닌 덕목으로서의 신뢰심을 살펴보았습니다. 이 신뢰심은 사람을 너무 믿지 못하는 마음, 즉 '**불신심**distrustfulness'과 너무 잘 믿는 마음, 즉 '**경신심**gullibility' 사이의 중용이라고 할 수 있습니다. 이제 불신심과 경신심이 왜 나쁜지 살펴보면서 신뢰심에 대해 더 깊이 알아보겠습니다.

먼저 '불신'은 단순히 '신뢰하지 않는 것'이 아닙니다. 신뢰도 불신도 하지 않는 상태가 가능하기 때문이지요. 예를 들어 여러분은 지금 타국에 있는 낯선 사람에게는 신뢰도 불신도 보내고 있지 않을 것입니다. 또한 같은 사안에 대해서는 누군가를 동시에 신뢰하고 불신할 수 없습니다. "난 네가 내일 돈을 갚을 거라고 믿고 갚지 않을 거라고도 믿어"라고 말하면 모순일 테니까요. 그리고 불신은 단순히 의존하지 않는 것이라고 할 수도 없습니다. 여행 갈 때 고양이를 맡아줄 친구로 창훈이를 신뢰하기는 하는데, 그 친구가 너무 바빠서 맡길 수가 없다면 신뢰하지만 실제로 관련 사안에 대해 의존한다고는 할 수 없기 때문입니다. 마지막 특징으로 불신에는 특유의 규범적 차원이 있습니다. 우리가 누군가를 의심하거나 불신할 때는 정당한 이유가 있어야 합니다. 그런데 마땅한 이유도 없이 상대를 의심하고 불신하면 상대는 그 태도에 상처받거나 분노할 수 있습니다. 예를 들어 물건이 없어졌을 때 별다른 증거가 없는데도 옆에 있는 친구에게 의심스러운 눈초리로 "정말 네가 가져간 거 아니지?"라고 물으면 기분 나쁘고 서운하겠지요. 그래서 '무죄 추정의 원칙'처럼, 반대되는 증거가 없다면 강한 신뢰까지는 하지 못하더라도 의심하고 불신하지 않는 태도를 가질 필요가 있습니다.

○ **불신심:**
신뢰성의 증거를 과하게 요구하거나 아무도 신뢰하지 않는 성향

불신심이란 이런 불신을 과도하게 갖는 성향입니다. 불신심을 가진 사람은 상대에게 신뢰성의 증거를 과하게 요구하거나 심한 경우에는 교류를 차단하고 아무도 믿지 않으려는 성향을 지녔다고 할 수 있지요. 이런 사람은 누군가를 대할 때 위험을 최소화하는 데에만 관심을 갖습니다. 하지만 신뢰가 있어야만 가능해지는 가치 있는 것이 많이 있습니다. 불신심을 가진 사람은 그 성향 때문에 협동을 통한 성취, 심리적 안정, 무엇보다도 서로를 믿는 인간관계 등 소중한 많은 것을 이루어낼 기회를 잃게 됩니다. 일본의 사업자이자 작가인 로버트 기요사키는 "사람이 할 수 있는 가장 위험한 일은 아무것도 안 하는 것이다"라고 말했습니다. 가치 있는 일을 이루기 위해서는 때로 위험을 감수할 수 있어야 합니다. 신뢰로 이룰 수 있는 일도 마찬가지입니다.

《열자列子》에 나오는 다음 이야기는 불신의 무서움을 잘 보여줍니다. 어떤 사람이 도끼를 잃어버립니다. 집 안을 샅샅이 뒤져도 나오지 않자 이웃집 아이를 의심합니다. 한번 의심하니 그 아이가 무슨 말을 해도 의심스럽고 어떤 행동을 해도 수상쩍어 보입니다. 그 아이는 평상시와 다를 바 없었는 데도 말이지요. 그런데 다음 날 그는 산에 나무를 하러 갔다가 도둑맞은 줄 알았던 도끼를 나무 근처에서 찾습니다. 전날에 깜빡하고 자기가 거기 두고 갔던 것이지요. 도끼를 찾고 나서 아이를 다시 만나니 모든 말과 행동이 다시 자연스럽고 순진해 보이기만 합니다. 이 이야기에서 아이가 추궁당했다면 "저는 도끼를 훔치지 않았어요!"라는 주장을 입증할 증거를 찾기 매우 어려웠을 것입니다. 의심하는 사람의 눈은 어떤 말과 행동도 의심스럽게 볼 준비가 되어 있으니까요.

소설가 헨리 그레이엄 그린은 이렇게 말했습니다. "신뢰 없이 삶을 견뎌내기란 불가능하다. 그것은 자신이라는 최악의 감옥에 갇힌 것이기 때문이다." 물 샐 틈 없이 감시하면 상대가 일탈하지 못하도록 통제하는 데에는 효과적일지 모릅니다. 하지만 철저한 감시 아래에서는 믿음을 키울 필요도, 신뢰를 쌓을 여지도 없어져버립니다. 신뢰라는 싹은 자유를 위한 숨구멍을 열어놓아야 비로소 움틀 수 있으니까요.

◦ 경신심:
증거가 불충분해도 너무 쉽게 남을 믿는 성향

불신심의 반대편 극단에 있는 성향이 바로 경신심, 즉 너무 쉽게 사람을 믿는 성향입니다. 쉽게 말해 증거가 불충분한데도 순진한 태도로 너무 쉽게 다른 사람에게 신뢰를 보내는 것입니다. 신뢰성이 부족해 보이는 사람에게도 함부로 믿음을 보내 사기나 기만, 착취 등의 희생양이 될 여지를 많이 주게 되지요.

경신심을 가진 사람의 대표적 사례로 다자이 오사무의 소설 《인간 실격》에 등장하는 '신뢰의 천재' 요시코가 있습니다. 주인공 요조는 요시코의 때 묻지 않은 아이처럼 남들을 잘 신뢰하는 순수한 모습 때문에 결혼을 결심합니다. 하지만 요시코는 수상쩍은 상인을 무턱대고 신뢰하여 집 안으로 들이는 바람에 성폭행을 당하고 맙니다. 이 상황을 겪고 충격을 받은 요조는 이렇게 묻습니다. "신에게 묻겠습니다. 신뢰는 죄인가요?"

남을 쉽게 신뢰하는 것이 '죄'라고 말한다면 이는 가혹한 처사일 것입니다. 요시코가 아무런 의심 없이 남을 믿는 바람에 고통스러운 일을 겪게 되었지만, 여기서 죄인이라고 한다면 오히려 가해자인 상인이지 피해자인 그녀는 아닐 테니까요. 다만 한 가지 말할 수 있는 건 의심 없이 남을 믿는 순진무구한 경신심은 스스로를 큰 위험에 노출시킬 수 있다는 것입니다. 요시코는 남을 잘 신뢰하는 사람이지만 여기서 '잘'의 의미는 '자주' 또는 '아무 때나'라고 말하는 것이 더 올바른 표현일 것입니다. 정말로 잘 신뢰하는 사람은 신뢰할 상대와 시간을 판단하여 신뢰하는, 즉 신뢰심이 있는 사람이겠지요. 요시코가 너무 쉽게 남을 신뢰하는 성향 때문에 죄를 저질렀다고 말할 수는 없겠지만 신뢰할 상황과 상대를 조금만 더 잘 판단할 수 있었다면 안타까운 사태는 피할 수 있었을지도 모릅니다.

지금까지 살펴보았듯 사람을 너무 못 믿는 불신심도 너무 쉽게 믿는 경신심도 바람직하지 않습니다.

◦ 좋은 담이
좋은 이웃을 만든다

신뢰심이란 결국 불신심과 경신심 사이에서 적절한 균형을 이루는 중용이라고 할 수 있습니다. "좋은 담이 좋은 이웃을 만든다"는 영국의 속담이 있지요. 한국의 옛 담장은 적절한 높이로 균형 잡힌 신뢰심의 모습을 잘 구현합니다. 불신심을 가진 사람은 높다란 담장에 지붕까지 철책으로 막아놓고 문까지 두꺼운 철문으로 설치하여 아무도 넘볼 수 없는 집에 비유할 수 있습니다. 누구도 들어오지 못하게 함으로써 안전함은 확보가 되지만 달리 말하면 아무도 들이지 못해 외로운 삶을 살게 되겠지요. 반대로 경신심을 가진 사람은 아무런 담도 세워놓지 않아 누구나 쉽게 넘나들 수 있게 해놓은 집에 비유할 수 있습니다. 좋은 사람도 들어오지만 나쁜 마음을 먹은 사람도 들어와 범죄를 저지르기 쉽게 하니까요. 그에 비해 어깨높이 정도인 한국의 옛 담장은 신뢰심과 닮아 있습니다. 쉽게 넘어갈 수 있는 높이는 아니지만 그 담 너머로 서로 시선을 주고받으며 어느 정도 교감을 나눌 수 있지요. 적절한 담의 높이를 찾는 것처럼 불신과 경신 사이에서 사람을 잘 믿을 수 있는 신뢰의 정도를 찾아내는 지혜가 필요한 것입니다.

∘ 신뢰적 위험의
   무책임한 공유

신뢰에 관한 실천을 할 때 자신의 신뢰적 위험을 다른 사람의 동의 없이 무책임하게 전가하지 않는 것도 중요합니다. "우리 개는 안 물어요"라며 맹견을 목줄도 없이 방치하다 행인들에게 피해를 입힌 일이 공분을 산 적이 있습니다. 개 주인의 이런 태도가 비난받은 이유는 자기 개에 대한 자신의 신뢰가 감수하는 위험을 신뢰를 공유하지 않는 다른 사람에게까지 공유하도록 만드는 무책임한 태도 때문입니다.

보통 누군가를 신뢰한다는 것은 자신이 그 신뢰 때문에 배신당했을 때 피해를 입을 수 있다는 점을 감수하고 믿음을 주는 것입니다. 하지만 자신이 감수하는 신뢰적 위험을 다른 사람에게까지 전가하는 것은 바람직하지 않습니다. 예를 들어 "우리 개는 안 물어요"라는 말에 대해 개 주인과 달리 옆을 지나가는 사람들은 불안감을 느낄 수 있습니다. 개 주인은 자기 개를 신뢰하기에 그에 따르는 위험도 자발적으로 감수하는 것이지만 행인들은 그런 신뢰를 공유하지 않기 때문이지요. 자기가 신뢰한다고 해서 위험한 개를 목줄도 없이 돌아다니게 한다면 신뢰를 공유하지 않은 사람들에게 자신의 신뢰가 낳은 위험을 감수하도록 하는 무책임한 행위가 됩니다. 위험을 감수하려면 자기 위험만 감수해야 하지 신뢰를 공유하지 않은 타인에게 위험을 감수

하게 하는 건 적절하지 못하니까요.

우리는 어떤 상대는 신뢰하지만 어떤 상대는 신뢰하지 않습니다. 누구를 신뢰하는지는 그 사람의 성향이나 관계, 경험에 따라 달라질 수 있습니다. 예를 들어 혁재는 동규를 신뢰하지만 상원이는 동규를 신뢰하지 않을 수도 있습니다. 이 경우 혁재는 상원이가 동규를 신뢰하거나 동규가 배신할 때의 위험을 상원이도 함께 감수하도록 강요할 수는 없을 것입니다. 아무리 혁재가 동규의 신뢰성을 믿는다 해도 상원이는 그 관점을 공유하지 않거나, 동규를 믿을 충분한 근거를 얻을 만한 교류와 경험을 하지 못했을 수도 있기 때문입니다. 물론 애초에 상원이가 동규에게 관심이 전혀 없을 수도 있지요.

따라서 우리가 누구를 신뢰하는가도 중요하지만, 우리가 신뢰하는 바의 결과를 누구와 어떤 방식으로 공유해도 되는지 신중하게 고려하는 태도가 매우 중요합니다.

> ## 신뢰성과 신뢰심을
> ## 어떻게 기를 수 있을까?

그럼 마지막으로 신뢰와 관련해 바람직한 성향인 신뢰성과 신뢰심을 어떻게 기를 수 있는지 이야기해보겠습니다.

신뢰감을 주는 인상이 신뢰성은 아니다

먼저 주의해야 할 것은 신뢰성과 신뢰감을 주는 인상은 서로 다르다는 사실입니다. 인터넷에 올라온 많은 영상과 자료는 신뢰감을 주는 복장, 말투, 표정 등에 대해 이야기합니다. 물론 이런 요소들이 심리적으로 더 신뢰감을 이끌어낼 수 있을지 몰라도 그것이 진정한 신뢰성 자체로 이어지지는 않습니다. 내면의 신뢰성이 잘 전달될 수 있도록 외적인 인상을 잘 가꾸는 것도 중요하지만 그보다는 정말로 믿을 만한 성향을 기르는 것이 먼저입니다. 즉 신뢰할 만한 성향이 겉으로 드러나 인상으로 전해지는 것이 바람직한 경우라고 할 수 있지요. 이 두 가지가 모두 갖춰져야 진정으로 신뢰성을 갖춘 사람이라고 할 수 있습니다.

신뢰성 기르기

신뢰성을 갖춘 사람이 되기 위해서는 다음과 같은 요소들이 필요합니다. 우선 개방성과 친밀함을 갖추는 것이 필요합니다. 내 마음을 닫아두지 않았다는 점을 많이 표현하는 것이 중요합니다. 개방성을 보여줄 때 상대방도 마음을 열 가능성이 커지니까요. 또한 친밀하게 다가가면 상대방이 더 마음을 열 수 있습니다. 이러한 요소는 신뢰성을 기르는 방법이라기보다는 자신이 신뢰할 만한 사람임을 상대에게 제대로 전달하는 방법입니다. 아무리 신뢰성이 있는 사람이라도 그것을 보여주지 못하면 신뢰받기 어려울 테니까요.

신뢰성을 기르려면 먼저 일관성을 길러야 합니다. 일관되게 약속을 지키는 모습을 반복해서 보이는 것이 중요합니다. 일관되게 신뢰에 보답하는 모습이 쌓여야 신뢰성 있는 사람으로 인정받을 수 있으니까요. 예를 들어 약속을 잘 지키는 모습을 반복해서 보인다면 약속 준수에 관한 그 사람의 신뢰성을 잘 드러낼 수 있을 것입니다. 하지만 자기에게 편할 때만 약속을 지키고 불리해지면 약속을 밥 먹듯 어기는 친구가 있다면 신뢰를 주기 어려울 것입니다. 우리에게 친숙한 사례로 '양치기 소년'이 있습니다. 재미로 늑대가 나타났다고 두 번이나 거짓말하는 바람에 진짜 늑대가 나타났을 때 그의 말을 믿는 사람은 아무도 없게 되었지요. 거기에 더해 강한 책임감이 필요합니다. 자신이 맡은 바에 대해서는 책임을 지고 끝까지 완수하는 모습을 보여주는 것이지요. 그러기 위해서는 작은 책임부터 훌륭하게 완수하는 모습을 조금씩 쌓는 것이 좋겠지요. 그러면 스스로 신뢰성 있는 사람이 되고, 그런 인상을 상대에게도 줄 수 있을 것입니다.

신뢰심 기르기

그럼 이번에는 좋은 신뢰자의 덕목, 즉 신뢰심을 어떻게 기를 수 있는지에 대해 이야기해보겠습니다. 먼저 상대의 신뢰성에 대한 적절한 판단력을 길러야 합니다. 누구를 만나든 함부로 판단하지 말고 먼저 믿을 만한 사람인지 차분하게 증거를 모아야 합니다. 나쁜 사람은 아닐 거라고 추정은 하되 성급하게 신뢰를 보이지 않는 습관을 들이는 것이지요. 앞서 말했듯 신뢰는 주면 줄수록 좋은 것이 아닙니다. 적절할 때 신뢰를 해야 분별 있는 신뢰라고 할 수 있지요. 이렇듯 사람 보는 혜안을 제대로 기르려면 많은 경험이 필요합니다.

또 다른 요소는 소통과 이해를 향한 노력입니다. 상대가 믿을 만한 사람인지 아닌지 알려면 상대와 소통하고 상대를 이해해보는 시도가 필요하겠지요. 불신심을 가진 사람처럼 마음을 닫아서는 누구와도 신뢰 관계를 맺기 어렵고 신뢰성에 대한 적절한 판단도 힘들 것입니다. "열 길 물속은 알아도 한 길 사람 속은 모른다"는 속담도 있듯이 사람 마음은 알기가 어렵습니다. 그렇기 때문에 조금이라도 상대의 마음을 알기 위해 많은 시간을 함께 보내고 상대가 어떤 가치관을 지녔으며 그렇게 행동하는 이유가 무엇인지 등에 대해 이해를 쌓아나가야 합니다. 그렇게 되었을 때 비로소 상대의 신뢰성에 대해 어느 정도 판단할 수 있게 될 것입니다.

마지막으로 타인에 대해 존중하는 마음을 길러야 합니다. 앞서 증거만 많이 파악해서 배신당할 확률을 줄이는 것이 신뢰의 전부는 아니라고 말했습니다. 오히려 어느 정도 증거를 얻어 신뢰성에 대해 믿음이 쌓인 뒤에는 증거를 더 얻을 수 있더라도 상대를 존중하고 지지하는 마음에서 삼가는 태도가 필요합니다. 이 부분은 신뢰심을 기르는 데 가장 실천하기 어려운 단계인지도 모릅니다. 배신당하는 경험을 자주 하게 되면 도무지 다시 믿을 마음이 생기지 않을 수 있으니까요. "돌다리도 두드려보고 건너라"라는 말이 있지만 튼튼한 돌다리만 골라서 건널 수 없는 것이 사람과 사람 사이의 일인 것 같습니다. 그렇기에 자신의 안전을 원하는 마음과 상대에게 자신의 안녕을 내맡기는 마음 사이의 적절한 균형을 이루는 것이 신뢰심을 기르는 첫걸음이 될 것입니다.

신뢰성과 신뢰심 교육하기

신뢰성과 신뢰심은 스스로의 노력도 필요하지만 주위의 도움이 정말 많이 필요합니다. 신뢰에 부응하려는 성향과 지혜롭게 신뢰하는 성향이 제대로 형성되려면 어린 시절부터 적절한 환경에서 올바른 교육을 받는 일이 중요하니까요. 지금부터는 신뢰성과 신뢰심을 학교나 가정에서 교육할 수 있는 방법을 살펴보겠습니다.

1. 롤 모델 제공하기

가장 중요한 것은 롤 모델을 제공하는 것입니다. 부모와의 신뢰 관계는 아이에게 큰 영향을 미칩니다. 어릴 때부터 부모님에게 신뢰를 받고, 부모님을 신뢰하는 경험이 쌓이면 아이들은 밖에 나가서도 신뢰를 두려워하지 않게 됩니다. 또한 부모나 교사와 같은 사람들이 신뢰성과 신뢰심을 갖춘 롤 모델의 모습을 보여야 합니다. 그러면 아이들은 이를 모방하여 본인도 신뢰할 만하고 지혜롭게 누군가를 신뢰할 줄 아는 사람이 되는 법을 자연스럽게 배우게 될 것입니다.

2. 신뢰 경험 제공하기

또한 실제로 신뢰를 주고받을 기회를 제공하는 것도 중요합니다. 예를 들어 조별 모임이나 발표를 통해 서로 신뢰하고 협력하는 경험을 쌓을 수 있습니다. 이 과정에서 믿을 만한 친구가 자신의 신뢰에 부응해주는 경험도 할 수 있지만 때로는 얌체 같은 친구에 의해 배신을 당할 수도 있습니다. 중요한 것은 상상이나 연습이 아닌 실제 관계에서의 경험을 통해 '이럴 때 신뢰하면 안 되는구나', '이럴 때 신뢰할 수 있구나'에 대한 감각을 발달시키는 것입니다.

3. 신뢰의 중요성에 대한 교육하기

마지막으로 신뢰성, 신뢰심, 그리고 신뢰의 의미와 가치에 대해 직접적으로 알려주는 것입니다. 다른 사람과의 교류를 통해 신뢰에 대해 직접 깨닫는 것도 중요하지만 신뢰의 개념적·규범적 측면에 대해 배우는 것도 중요하지요. 그러한 교육을 통해 신뢰성과 신뢰심의 중요성을 깨닫고, 이를 분별 있게 실천하는 태도를 기를 수 있습니다. 신뢰가 왜 중요한지, 신뢰를 주고받는 것이 어떤 가치를 지니는지를 학생들이 이해하면 자연스럽게 신뢰성과 신뢰심을 함양할 동기를 얻게 될 것입니다.

"나를 믿어주는 한 사람만 있어도 성공한 인생이다"라는 말이 있지요. 정말 공감이 가는 말입니다. 신뢰할 만한 사람들이 서로를 알아보고 굳게 신뢰한다면 그런 관계는 쉽지 않은 우리 인생에서 가장 든든한 버팀목이 되어줄 것입니다. 신뢰는 사람과 사람 사이에서 가치 있는 관계를 가능하게 해주는 뿌리와도 같습니다. 신뢰가 없는 삶은 토머스 홉스가 말하듯 "외롭고 가난하고 비참하고 잔인하며 짧은 것"이 될 테니까요.

정직

속지 않을 권리를 지켜주는 마음

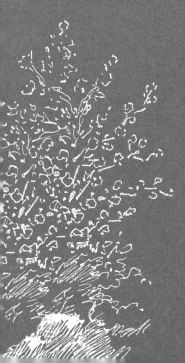

옳지 않으면 하지 말라.
진실이 아니면 말하지 말라.

_아우렐리우스

정직이 덕목이라는 사실을 부정하는 사람은 별로 없을 것입니다. 하지만 그만큼 익숙하고 당연하게 들리기 때문에 정직이 무엇인지, 우리가 정직해야 하는 이유는 무엇인지에 대해 깊이 생각해볼 기회가 별로 없지요. 그런데 최근 우리 사회를 돌아보면 정직의 가치가 점점 더 중요해지고 있음을 느낄 수 있습니다. '아니면 말고' 식의 가짜 뉴스가 범람하며 진실에 대해 경시하는 풍조가 퍼지고 있고 인터넷에는 근거 없는 정보가 범람하고 있습니다. 인공지능이 생산해내는 정보도 진위를 가리기가 점점 더 어려워지고 있지요. 또한 개인의 이기주의가 극대화되고 있어 서로를 속여도 자신의 이익만 챙기면 그만이라는 태도가 퍼지고 있는 것 같습니다.

이런 시대일수록 우리는 더욱 정직한 태도로 살아갈 필요가 있습니다. 정직의 진정한 의미와 가치를 알지 못한다면 온갖 속임수가 난무한 세상에서 현명하게 대처하기 어렵겠지요. '정직과 솔직은 어떻게 다를까? 거짓말만 하지 않으면 정직하다고 할 수 있을까? 인공지능도 정직할 수 있을까? 스스로에게 정직하지 못할 수도 있을까?' 이번 장에서는 이런 질문들을 중심으로 정직에 대해서 보다 깊게 이해해보고자 합니다.

물론 정직이 우리 시대에 갑자기 중요해진 것은 아닙니다. 수많은 기행으로 유명한 고대 그리스의 철학자인 디오게네스의 일화가 이 점을 잘 보여줍니다. 하루는 그가 환한 대낮에 등불을 들고 아테네 거리를 돌아다니고 있었습니다. 이를 기이하게 여긴 한 사람이 "선생님, 이처럼 밝은 대낮에 어째서 등불을 켜고 돌아다니십니까?"라고 물었습니다. 그는 이렇게 대답했다고 합니다. "정직한 사람을 하나 찾고 있는데 보이지 않아서 이렇게 등불을 들고 찾아다니고 있다네!" 물론 디오게네스는 평소에도 괴짜로 유명하지만, 이 일화는 정직이 얼마나 귀하고 드문지 잘 보여주고 있습니다.

정직이란 무엇일까?

그럼 정직이 무엇인지를 이해하기 위해 우리가 정직이라는 말을 어떻게 쓰고 있는지, 어떤 사람을 정직하다고 하는지를 살펴보는 데서 출발하도록 하지요. 우선 정직한 사람은 거짓말을 하거나 남을 속이지 않고 진실만을 말한다고 흔히 이야기합니다. 또 남의 물건을 훔치지 않고 시험에서 부정행위를 하지 않으며 약속을 잘 지키는 것 역시 정직한 사람의 특징이라고 말하지요. 하지만 이런 여러 가지 행위나 태도에 '정직'이라는 이름표를 붙일 수 있게 만들어주는 것이 무엇인지 찾는 것은 쉬운 일이 아닙니다.

∘ 정직은 속지 않을 권리에 대한 존중을 중심에 둔 덕목이다

우리에게는 적어도 각자의 방식으로 진리를 추구하고 진실의 땅에 발을 디딘 채 살아가고 싶어 하는 기본적인 관심이 존재합니다. 영화 〈트루먼쇼〉의 예를 들어볼까요? 이 영화의 주인공은 평범한 일상을 살아간다고 믿지만 사실 그의 인생은 본인만 모르게 전 세계 사람들에게 방송되는 거대한 '몰래카메라'였습니다. 이처럼 모두가 자신을 속이는 세상에서 살아가고 싶은 사람은 없을 것입니다. 우리에게는 속지 않고 제 나름대로 진실을 추구하며 살아갈 권리가 있습니다. 그런 의미에서 정직이란 상대의 **속지 않을 권리에 대한 존중**을 중심에 둔 덕목이라고 할 수 있습니다. 우리는 누구나 진실에 맞닿은 채로 살아가고 싶어 합니다. 자신의 믿음이 거짓이기를 바라거나 누군가에게 속기

를 원하는 사람이 얼마나 있을까요? 어떤 진실을 아는 걸 두려워하거나 알게 된 뒤에 후회할 수는 있더라도 영원히 진실을 외면하는 일은 바람직하지도 가능하지도 않습니다.

○ 속지 않을 권리는
자신의 진리 추구를 방해받지 않을 기본 권리다

다만 '속지 않을 권리'는 '알 권리' 또는 '진실에 대한 권리'와는 다릅니다. 어떤 정보에 대한 알 권리가 있는 사람은 그 정보를 요구할 권리까지 갖지요. 그러면 상대는 관련된 진실을 알려줄 의무까지 갖게 됩니다. 하지만 내가 무언가를 모르고 있을 때

당신이 가진 정보를 나에게 알려달라고 할 기본적 권리가 존재하는지는 분명하지 않습니다. 그에 반해 속지 않을 권리는 누군가가 나에게 의도적으로 거짓을 전달해서 나의 진리 추구를 방해하는 일을 금지할 소극적 권리입니다. 비유하자면 상대에게 좋은 음식을 떠먹여달라고 할 권리는 없더라도 나쁜 음식을 먹이지는 말라고 요구할 권리는 있는 것과 마찬가지입니다. 우리는 끊임없이 사람들과 소통하며 살아가는데, 서로 정직하지 못한 태도를 취한다면 나의 삶이 참된 근거에 발을 딛고 살아가기 어려울 것입니다. 이처럼 상대에게 속지 않을 권리가 있다고 생각하고 이 권리에 대해서 존중하는 마음으로 대하는 것이 정직이라는 덕목의 핵심입니다.

왜 정직해야 할까?

그렇다면 우리가 왜 정직해야 하는지 그 이유를 함께 생각해볼까요?

○ 사회적 이유:
정직은 우리 사회가 돌아가기 위한 기본 조건이다

우선 사회적인 이유부터 살펴보겠습니다. 사회적 관점에서 바라본다면 정직이 중요한 이유는 명백합니다. 우리 사회의 구성원들이 서로 거짓말을 밥 먹듯 하고 호시탐탐 속일 기회만 노린다면 사회의 시스템 자체가 무너질 테니까요. 정직이 없이는 신뢰도 무너질 것이고 신뢰가 없으면 사람들 간의 거래도 교류도 소통도 제대로 일어날 수 없을 것입니다. 당장 사람들은 서로를 믿지 못해 거래하지 않게 되어 은행도 상점도 문을 닫을 것입니다. 서로 주고받는 말도 믿을 수가 없고 뉴스에 나오는 기사조차 신빙성을 잃어버려 이 사회가 혼란에 빠질 것입니다. 충분한 수의 사람이 충분한 정도로 정직할 때 비로소 한 사회가 돌아갈 수 있는 것이지요. 이처럼 정직은 우리 사회가 제대로 돌아가기 위한 기본 조건과도 같습니다.

정직에 대해 사회적 관점에서 던지는 질문은 "**우리**는 왜 정직해야 할까?"입니다. 왜 사회 구성원들이 정직해야 하는지에 대한 질문이지요. 하지만 저는 1인칭 시점에서 "**나**는 왜 정직해야 할까?"라는 질문에 좀 더 초점을 맞춰보고자 합니다. '우리 사회가 돌아가려면 충분한 수의 사람이 정직해야 하지만 나 하나쯤이야 정직하지 않아도 돼'라고 생각하는 사람이 있을 수 있으니까요. 오히려 다른 사람들이 정직하면 그들을 속여서 이득을 볼 기회가 생긴다고 보는 사람도 존재하는 것이 현실입니다.

그렇다면 정직하게 사는 것은 본인에게 이익일까요, 손해일까요? "정직이 최선의 방책이다"라는 옛 속담도 있듯 정직하면 장기적으로 이익이 된다고 말하는 사람도 있지만, 반대로 "정직은 가난해지는 가장 확실한 길이다"라고 말하는 사람도 있습니다. 실제로 정직이 가져다주는 이익과 손해에 대해 딱 잘라 말하기는 어렵습니다. 상황에 따라 사람에 따라 달라질 수 있는 경험적인 부분이기 때문입니다. 그래서 저는 정직하지 않으면 그 사람에게 어떤 문제가 생기며 어떤 점에서 위험하고 불안해지는지에 초점을 맞추고 살펴보려고 합니다.

○ 개인적 이유:
정직하면 안정되고 떳떳한 삶을 누릴 수 있다

일단 정직하지 못하면 우리는 불안하고 떳떳하지 못한 마음으로 살게 됩니다. 누군가를 속이는 것은 본질적으로 나쁜 짓일뿐만 아니라 어렵고 복잡한 일입니다. 거짓말을 하고서도 들키지 않기란 《반지의 제왕》과 같은 대서사시를 창작하는 것보다도 힘든 일이지요. 진실의 세계는 자연스럽게 앞뒤가 맞고 아귀가 들어맞지만, 거짓의 세계는 그렇지 않기 때문입니다. 친구와 놀이공원에 놀러가놓고 엄마에게는 도서관에서 공부했다고 거짓말하는 학생 철민이를 생각해보세요. 다른 친구가 그 시간에 놀이공원에서 철민이를 봤다고 철민이 엄마에게 말한다면 거짓말이 들통나게 되어 있습니다. 적어도 우리 현실 세계에서는 동시에 두 장소에 존재할 수가 없으니까요.

거짓말은 히드라와 같아서 목을 자르면 두 배가 된다.

하나의 거짓말을 덮으려면 앞뒤를 맞추기 위해 또 다른 거짓말을 해야 합니다. 앞의 사례에서 다음과 같은 대화가 오갔을 수 있지요. "아니야, 엄마! 걔가 거짓말한 거야! 나 오늘 2시에 도서관에 갔어!" "그래? 그럼 도서관 어디에 앉았는데?" "음······ 일반열람실!" "오늘 네 동생이 도서관 갔는데 너 없었다던데?" "아······ 그때는 화장실에 갔었나 봐!" "그래? 2시부터 4시까지 못 봤다던데?" "아! 그 뒤에 식당 가서 밥 먹었어." "식당 쉬는 날이었대! 바른대로 말 못 하니?"

이런 식으로 끝없이 꾸며내다가 앞뒤가 맞지 않아 거짓말이 들통나는 경우가 대부분이지요. 추리소설에서도 뛰어난 범죄자가 알리바이를 지어내다가 미처 생각하지 못한 작은 허점에 발목을 잡혀 체포되는 경우를 많이 볼 수 있습니다. 심리학자 조던 피터슨의 위 말도 같은 맥락에서 나온 것입니다. 히드라는 고대 그리스 신화에 나오는 괴물인데 목을 베는 순간 두 개가 되어 돋아나 계속해서 늘어나는 괴물입니다. 거짓말도 하면 할수록 걷잡을 수 없게 늘어난다는 말이지요. 거짓말을 진실처럼 포장하려면 훨씬 더 많은 거짓의 포장지가 필요합니다. 그렇기 때문에 거짓말을 하나 더 할 때마다 걸리게 될 확률 역시 기하급수적으

250   5장 정직

로 늘어나는 것이지요.

이처럼 거짓말을 하면 벌을 받거나 신뢰를 잃게 될 위험이 존재합니다. 실제로 들키지 않는다 하더라도 거짓말이 들통날까 봐 불안하고 찜찜한 마음으로 지내게 됩니다. 죄책감에 시달리기도 하지요. 어릴 적 부모님이나 형제자매의 물건을 망가뜨리고 혼날까 봐 숨겼던 경험, 다들 한 번쯤 있지요? 그때 가족의 얼굴을 똑바로 보기 힘들 정도로 마음이 얼마나 불안하고 미안스러웠는지 기억할 겁니다.

마크 트웨인은 "진실을 말하면 아무것도 기억할 필요가 없다"라고 말했습니다. 정직하게 살면 마음이 편합니다. 자기가 무슨 거짓말을 했는지 기억하고 앞뒤가 맞는 이야기를 꾸며내느라 애쓸 필요가 없으니까요. 정직한 사람은 창작의 고통을 느끼며 소설을 쓸 필요 없이 자기가 사는 대로 진실하게 눈앞에 주어지는 대로, 자기가 아는 대로 말하며 생활할 수 있습니다. 하지만 진실하지 못한 사람들, 즉 정직하지 못한 사람들은 항상 불안하고 위태로운 삶을 살 수밖에 없지요.

또한 정직하지 못하면 스스로에게 떳떳할 수가 없습니다. 남을 속이려면 먼저 자신을 속여야 하기 때문이지요. 다른 사람들은 속일 수 있어도, 자신은 속이기 어렵습니다. 자기가 스스로는 겉과 속이 다른 삶을 살고 있다는 사실을 알지만 그걸 누군가에게 터놓고 고백할 수도 없습니다. 또한 그것이 자신의 모습이라는 사실에 스스로 교활하고 비겁한 사람이라는 자아상을 갖게 되는 걸 막을 수 없지요. 그래서 자존감도 함께 낮아지게 됩니다. 결국 하늘을 우러러 한 점 부끄러움이 없는 사람이 가장 당당하고 떳떳하게 살아갈 수 있는 것입니다.

지금까지 개인이 갖는 자기 이익의 관점에서 왜 정직해야 하는지 살펴보았습니다. 당당하고 떳떳하게 안정된 삶을 살아가기 위해서는 정직해야 하는 것이지요. 하지만 정직은 단순히 이해타산의 문제만은 아닙니다. 몽테뉴도 "정직은 방책의 문제가 아니라 옳고 그름에 관한 문제"라고 말한 바 있지요. 자기 이익의 관점에서만 정직을 바라보는 사람은 자신에게 손해를 끼친다고 생각하는 순간 정직을 포기해버릴 것입니다. 이러한 정직이 중요한 윤리적 이유가 바로 앞서 말한 속지 않을 권리에 대한 존중입니다.

○ 윤리적 이유:
황금률에 따라 서로의 속지 않을 권리를 존중해야 한다

우리에게는 속지 않을 권리가 있습니다. 그리고 이러한 권리를 서로 존중해야 할 의무가 있습니다. 윤리의 기본 조건이라고 한다면 항상 합리적이고 일관되어야 하고 자기에게 유리할 때만 예외를 허용하지 않는 공평무사한 태도가 중요합니다. "내가 하면 로맨스고 남이 하면 불륜"이라는 식의 태도는 옳지 않습니다. 내가 다른 사람에게 속고 싶지 않은 것처럼, 다른 사람도 나에게 속고 싶어 하지 않습니다. 공자의 말씀처럼 "내가 원하지 않는 것을 남에게 하지 말라己所不欲 勿施於人"는 것은 정직에도 똑같이 적용됩니다. 내가 속지 않을 권리를 존중받고 싶다면 먼저 다른 사람의 속지 않을 권리를 존중해야 합니다.

지금까지 정직해야 하는 이유를 사회적, 개인적, 윤리적 차원으로 나누어 살펴보았습니다. 정직은 사회를 건강하게 만들고, 우리가 안정되고 행복한 삶을 살 수 있도록 도와줍니다. 또한 정직하게 사는 것은 서로가 지켜야 할 권리를 지켜주는 당연한 도리이기도 합니다. 조금 어렵고 당장은 손해 보는 것 같더라도, 정직하게 살아가는 것이 결국에는 모두를 위한 길임을 기억해야 합니다.

정직과 솔직은 어떤 차이가 있을까?

○ 속이지 않는 정직함, 숨기지 않는 솔직함

지금까지 정직의 의미와 가치에 대해 간단히 이야기해보았습니다. 그런데 정직을 더 잘 이해하려면 이 개념과 가깝지만 구분

되는 다른 개념을 함께 살펴보아야 합니다. 우선 정직과 **솔직**의 차이에 대해 이야기해보지요. 우리는 일상생활에서 '정직하다'와 '솔직하다'라는 말을 자주 사용합니다. 두 단어는 비슷한 뜻을 가진 것처럼 보이지만 자세히 살펴보면 미묘한 차이가 있습니다.

간단히 말해 정직은 속이지 않는 것이고 솔직은 숨기지 않는 것입니다. 즉 정직은 '속이지 않는 것'에 초점을 맞춘 소극적인 개념이고, 솔직은 '터놓고 말하는 것'에 초점을 맞춘 적극적인 개념입니다. 앞서 정직은 상대방이 속지 않을 권리를 존중하는 마음이라고 했지요. 특별한 상황을 제외하고는 상대를 속이지 않기만 해도 정직할 수 있습니다. 거짓말로 남을 속여서 부당한 이득을 취하는 것은 정직하지 못한 행위의 대표적인 사례라고 할 수 있습니다. 그에 반해 솔직은 흔히 드러내기 꺼릴 수 있는 사실까지도 숨김없이 이야기하는 태도입니다. 예를 들어 다른 사람들의 시선을 의식하지 않고 부끄러울 수도 있는 자신의 과거나 약점을 터놓고 이야기하는 사람을 두고 우리는 '솔직하다'고 말합니다.

이처럼 정직이 '하지 말 것'에 대한 이야기라면, 솔직은 '하는 것'에 대한 이야기라고 할 수 있습니다. 따라서 솔직하지 못한 사람이 반드시 정직하지 못한 것은 아닙니다. 예를 들어 정당한 질문에 대해 거짓말로 답하면 정직하지 못하다고 할 수 있겠지만 누가 묻지도 않았는데 굳이 자신의 부끄러운 약점을 먼저 나서서 이야기하지 않았다고 해서 그 사람이 정직하지 못하다고 할 수는 없습니다. 솔직하지 않다고 할 수는 있더라도 말이지요. 솔직한 말은 자신이 좋지 않게 보일 위험을 감수하고 하는 것이기에 용기가 필요한 마음 자세라고도 할 수 있습니다.

◦ 진실을 말한다고 정직한 것일까?

어떤 사람들은 진실을 말하는 것이 곧 정직한 행동이라고 생각합니다. 하지만 항상 그런 것은 아닙니다. 지혜로운 판단 없이 괜한 진실을 말하여 불필요한 상처를 주는 경우도 있으니까요. 예를 들어 무딤이가 오랜만에 친구를 만났는데 "너 못 본 사이에 살이 엄청 쪘네!"라고 말했다고 합시다. 물론 객관적인 사실일 수 있지만 그런 민감한 사실은 상대에게 큰 상처를 줄 수 있습니다. 오히려 사실이기 때문에 더 상처가 될 수 있습니다. 날씬한 사람에게는 그런 말을 해도 웃어넘길 테니까요. 꼭 필요한 정보도 아닌데 굳이 이야기해서 상처를 주는 것은 지혜로운 행동이라고 할 수 없습니다. 칼은 음식을 자르는 데 유용한 도구이지만 사람을 해치는 데 사용될 수도 있듯이, 진실 또한 마찬가지입니다. 진실은 중요하지만 상황과 맥락을 고려하지 않고 사용하면 오히려 해가 될 수 있는 것이지요.

진실만을 말하는 게 의무이지만 모든 진실을 말하는 게 의무인 것은 아니다.

_칸트

지혜롭지 못한 사람은 상대에게 진실로 상처를 주고 "왜, 내가 틀린 말 했어? 맞는 말이잖아!"라고 오히려 화를 내기도 합니다. 하지만 일찍이 칸트가 말했듯 진실이라고 모두 말할 필요는 없습니다. 즉 진실을 말하는 것도 중요하지만 언제, 누구에게, 어떻게 이야기해야 하는지를 신중하게 고려해야 한다는 것입니다. 그런 점에서 진실을 말한다고 무조건 정직의 덕목을 발휘한다고 할 수는 없지요.

우리는 무딤이에게 이렇게 반박할 수 있을 것입니다. "알겠어. 분명 틀린 말은 아니야. 그렇지만 왜 하필 이 순간에 그 진실을 이 친구에게 말한 거야? 왜 '지구는 둥글다'나 '1 더하기 2는 3이다' 같은 진실은 놔두고 하필 지금 '너 진짜 살쪘다'는 진실을 말해서 애한테 상처를 주는 거야?" 우리가 정직이라는 덕목을 적절하게 발휘하려면 어떤 진실을 누구에게, 어떤 상황에서, 어떤 방식으로 이야기해야 하는지를 현명하게 판단해야 합니다. 즉 정직함과 무례함을 잘 분별하는 지혜가 필요합니다.

정리하자면, 정직은 남을 속이지 않는 소극적인 면, 솔직은 터놓고 드러내는 적극적인 면을 의미합니다. 둘은 미묘하게 겹치는 부분이 있지만 서로 다른 개념입니다. 또한 진실은 중요하지만 상황에 맞지 않는 진실은 오히려 해가 될 수 있다는 점을 기억해야 합니다. 지혜로운 판단이 필요하지요. 중용의 관점에서 보았을 때 쓸데없이 사실을 말해서 상처를 주는 행위는 정직도 아니고 솔직도 아닌, 지혜가 부족한 지나침의 악덕이 드러난 것이라는 사실을 기억해야 합니다.

거짓말을 하지 않으면 정직한 것일까?

이번에는 정직과 거짓말의 관계에 대해 이야기해볼까요? 많은 사람이 '정직하다'는 것을 '거짓말을 하지 않는 것'과 같은 의미로 생각합니다. 물론 거짓말을 하는 것이 정직하지 못한 행위의 대표적인 사례이기는 하지만 정직이 단순히 거짓말에 의해 정의되는 것은 아닙니다. 그렇다면 이 둘의 관계를 밝히기 위해 먼저 '거짓말'이 무엇인지 알아봅시다.

◦ 거짓말은 상대를 속이려는 의도로 자신이 거짓이라고 믿는 바를 말하는 것이다

간단히 말해 **거짓말**은 '상대를 속이려는 의도로 자신이 거짓이라고 믿는 바를 말하는 것'입니다. 여기서 중요한 부분은 '자신이 거짓이라고 믿는 바'라는 점입니다. 즉 객관적으로 사실이 아닌 말을 했다고 해서 모두 거짓말이 되는 것은 아닙니다. 항상 실제로 참인 말만 하려면 세상의 모든 진실을 알고 있어야 할 것입니다. 하지만 우리가 세상일을 모두 알 수는 없지요. 참이라고 믿는 것 중 많은 것이 거짓으로 드러날 수 있습니다. 자신은 진실이라고 믿고 이야기했는데 나중에 보니 사실이 아니었다면 그것은 실수이지 거짓말이라고 하기 어려울 것입니다. 예를 들어 어떤 친구에 대해 누가 물어봤을 때 "그 친구 K 회사 다녀. 내가 1년 전에 거기서 같이 점심도 먹었거든"이라고 말했다고 해 봅시다. 그런데 사실 이 친구는 반 년 전에 퇴사를 했습니다. 그럼 이런 경우에는 본인이 참이라고 믿는 걸 말한 것이고 그렇게 믿을 만한 합리적 근거도 있었다고 할 수 있겠지요. 이 사람이 말한 것이 실제로는 거짓이라 해도 이를 두고 '거짓말을 했다'고 하면 억울할 수 있지요. 그 나름대로는 자신이 진실이라고 믿는 바를 전달하려고 한 것뿐이기 때문입니다.

거짓말의 정의에서 또 한 가지 중요한 것은 '말'이어야 한다는 점입니다. 사람을 속이는 데는 여러 가지 방법이 있겠지만 모두 말을 수단으로 사용하지는 않습니다. 예를 들어 경찰을 속이기 위해 다른 사람으로 변장할 수도 있고 다른 사람의 신분증을 몰래 사용할 수도 있습니다. 이런 경우는 말이 아닌 다른 방식으로 상대를 속이는 사례입니다. 또한 슬픈 영화를 보면서 슬프지 않은데 동정심이 많은 척하려고 일부러 슬픈 표정을 짓는 것 역시 상대를 속이는 행동일 수 있지만 거짓'말'이라고 할 수는 없습니다. 이처럼 어떤 행동이나 모습으로 다른 사람을 속이는 것은 '기만'이라고 할 수 있지만 그걸 두고 거짓말이라고 하지는 않습니다. 이처럼 거짓말은 말이라는 수단을 통해 이루어져야 합니다. 표정이나 몸짓, 혹은 침묵으로 사람을 속일 수는 있어도 그것은 거짓말과는 다른 종류의 속임이라고 할 수 있지요.

마지막 조건은 '속이려는 의도'입니다. 우리는 때로 사람들이 거짓임을 바로 알 만한 이야기를 일부러 하기도 합니다. 문학적 허구가 대표적인 예입니다. 작가 코넌 도일이 '셜록 홈스'라는 가상의 인물에 대한 소설을 쓸 때 사람들이 "셜록 홈스는 베이커 거리에 살았다"는 말이 실제로 참이라고 믿게 하려고 의도하지는 않았을 것입니다. 소꿉놀이를 하면서 엄마 역할을 하는 영희가 "철수야, 네가 말을 안 들으니 엄마는 참 속상하구나"라고 말하는 경우도 마찬가지로 속이려는 의도는 없습니다. 갑자기 같이 놀던 철수가 그걸 진심으로 믿고 울면서 "엄마, 미안해요"라고 말하면 영희는 당황할 것입니다. 또한 이른바 '과몰입'을 하는 사람들은 드라마 속 역할을 맡은 배우의 대사와 실제를 구별하지 못하고 악역을 맡은 배우에게 비난을 퍼붓기도 합니다. 하지만 그렇다고 드라마 제작자나 배우가 거짓말을 했다고 보기는 어려울 것입니다.

농담을 하는 경우에도 마찬가지입니다. 상대를 웃기려고 하는 농담에는 과장과 왜곡이 어느 정도 섞여 있기 마련입니다. 있는 그대로의 사실은 별로 웃기지 않기 때문이지요. 가령 키가 큰 친구가 "나 사실 키 3미터잖아"라고 과장하며 너스레를 떨 때 실제로 자신의 키가 3미터라고 믿게 하려는 의도로 말하지는 않았을 것입니다. 실제로 진지하게 받아들인다면 애초에 농담이 되기도 어렵겠지요. 이처럼 속이려는 의도 없이 누구나 쉽게 거짓임을 알 수 있도록 하는 말은 그것이 거짓일지라도 거짓말이라고 하지 않습니다.

◦ 거짓말은 절대로 하면 안 되는 것일까?

지금까지 상대를 속이려는 의도로 자신이 거짓이라고 믿는 바를 말하는 것으로서 거짓말이 어떤 의미인지를 살펴보았습니다. 우리는 어릴 때부터 "거짓말은 하면 안 된다"고 배웠습니다. 하지만 살다 보면 거짓말을 해도 괜찮거나 심지어 거짓말을 해야 할 것 같은 상황을 마주하기도 합니다. 언어철학자 루트비히 비트겐슈타인은 여덟 살에 '거짓말을 하는 것이 이로울 때에도 왜 사람은 진실을 말해야 하는 것일까?'라는 의문을 품었다고 합니다. 우리도 한 번쯤 그런 의문에 사로잡히고는 합니다. 예를 들어 친구가 새 모자를 쓰고 어떤지 물어볼 때가 있지요. 솔직히 너무 안 어울린다고 생각하지만 어차피 환불도 안 되니 친구의 기분을 상하게 하지 않기 위해 "응, 진짜 잘 어울린다!"라고 '선의의 거짓말'을 하기도 합니다. 또한 살인자가 문을 두드리며 "네 친구 어디에 있는지 알지? 말해!"라고 한다면 친구를 살리기 위해 거짓말을 해야만 할 것 같습니다. 이런 상황에도 거짓말은 절대로 하면 안 되는 것일까요?

칸트는 그렇다고 믿었습니다. 그는 철학사에서 거짓말에 대해 가장 엄격한 입장을 가진 철학자라고 해도 과언이 아닙니다. 그는 어떤 상황에서도 거짓말을 해서는 안 된다고 주장했습니다. 심지어 문 앞의 살인자가 친구의 행방을 물을 때에도 거짓을 말해서는 안 된다고 보았습니다. 그는 거짓말을 하지 않는 것이 우리의 '의무'라고 생각했습니다. 약속을 지키는 것이 당연한 의무인 것처럼, 진실을 말하는 것도 당연한 의무라는 것입니다. 그리고 도덕법칙에 따라 진실을 말해 의무를 다했을 때 그로 인해 일어나는 결과에 대해서는 책임질 필요가 없다고 보았습니다. 돌멩이가 자연법칙에 따라 땅으로 떨어지듯 진실을 말하는 건 자율적인 행위자인 인간이 마땅히 따라야 할 법칙에 따르는 것이기 때문이라고 본 것이지요. 하지만 어설프게 거짓말을 해서 나쁜 결과가 나온다면, 그것은 멋대로 도덕법칙을 거슬러 거짓말을 한 사람이 책임을 져야 한다고 생각했습니다. 예를 들어 친구가 동쪽으로 달아났다고 믿으면서 서쪽으로 갔다고 살인자에게 거짓말을 했는데 친구가 우연히 방향을 돌려 서쪽으로 가는 바람에 결국 살해당했다면, 그건 거짓말을 한 사람의 책임이라는 것입니다.

그런데 칸트는 '거짓된 말'에 대해서는 엄격했어도 상대를 속이는 것 자체에 대해서는 그만큼 엄격하지는 않았던 것 같습니다. 이를 보여주는 유명한 일화가 있습니다. 당시 칸트는 종교에 관한 책을 저술했습니다. 하지만 전통적 교리와 어긋나는 부분이 있어 당시의 왕이었던 프리드리히 빌헬름 2세는 그에게 종교에 대한 저술을 그만두라는 경고를 보냅니다. 고민하던 칸트는 마침내 다음과 같은 말로 시작하는 편지를 보냅니다. "폐하의 충직한 백성으로서, 더 이상 종교에 대한 책을 쓰지 않겠습니다." 이 편지를 받은 빌헬름 2세는 이제 칸트가 종교에 대해 글을 쓰지 않을 것이라고 믿었습니다. 하지만 칸트는 왕이 곧 세상을 떠날 것을 알고 이런 편지를 쓴 것이었고, 실제로 얼마 뒤 왕이 죽은 후 다시 종교에 대한 저술 활동을 시작했습니다. 그러면서 자신은 '빌헬름 2세 폐하의 충직한 백성으로서' 종교 저술을 하지 않겠다고 한 것뿐이니 그가 세상을 떠난 뒤에 다시 쓰는 것은 이 진술에 어긋나지 않는다고 말했습니다. 이 일화는 칸트가속이는 행위 자체가 아니라 거짓말이라는 행위에 얼마나 엄격했는지 보여줍니다. 왕을 속인 것은 맞지만 거짓말을 한 것은 아니라고 생각한 것이지요.

○ 진실로도
속일 수 있다

그렇다면 거짓말만 피하면 속이는 건 괜찮은 것일까요? 윤리적 관점에서 볼 때 더 중요한 것은 거짓말을 했는지 여부가 아니라 상대를 속였는지 여부가 아닐까요? 칸트는 빌헬름 2세를 속이려는 의도로 교묘하게 말을 배열해 '참말'을 통해 상대를 속였습니다. 이처럼 우리는 참말로도 충분히 상대를 속일 수 있습니다. 예를 들어 친구가 돈을 좀 빌려달라고 할 때 "돈 없다"고 말하면서 속으로는 '너 줄 돈은 없다'라는 것을 의미했다면, 이는 거짓말 없이 상대를 속이는 경우입니다. 문 앞의 살인자에게도 "오른쪽으로 도망갔어요!"라고 말하면서 속으로 '사실은 내 쪽에서 오른쪽 말인데!'라고 생각하며 살인자가 다른 쪽으로 가도록 했다면 이 역시 참말로 상대를 속인 것입니다. 반대로 참이 아닌 말을 하더라도 상대를 속이려는 의도가 없는 경우도 있습니다. 앞서 말했듯 "셜록 홈스는 베이커 거리에 산다"라는 허구를 말하거나 "내 키는 3미터이다"라고 농담을 하는 경우 이 말들은 거짓에 해당하지만 상대를 속이는 말이라고 보기 어렵습니다. 이처럼 정직에서 중요한 것은 내가 하는 말이 참인지 거짓인지 자체가 아니라 속지 않을 권리를 존중했는지 여부입니다.

일부러 속이는 행위는 항상 부정직할까?

지금까지 정직이 단지 거짓말하지 않는 것은 아니라는 점을 살펴보았습니다. 그렇다면 범위를 좀 넓혀 정직이란 곧 속이지 않는 것이라고 할 수 있을까요?

◦ 속이려는
의도가 있었을까?

이 질문에 답하려면 역시 **속인다**는 행동이 어떤 것인지를 먼저 살펴보아야 할 것입니다. 우선 '속이다'라는 말은 '거짓말하다'라는 말과 달리 목적 달성의 성공 여부에 따라 성립될 수도 있고 그렇지 않을 수도 있습니다. 예를 들어 적을 속이려는 의도로 아군의 위치를 일부러 틀리게 말한다면 이 군인은 '거짓말했다'고 말할 수 있지만 나아가 상대가 그 말을 실제로 믿어야만 적을 '속였다'고 말할 수 있을 것입니다. 이런 점에서 '속이다'라는 말은 '이기다'라는 말과 비슷하게 성공을 해야 그 의미에 부합하는 '성공 용어success term'에 해당합니다. '이겼다'라고 말할 수 있으려면 이기려고 의도한 것만으로는 충분하지 않고 실제로 이기는 데 성공해야 합니다. 마찬가지로 '속였다'라고 말할 수 있으려면 속이려는 의도만으로는 충분하지 않고 실제로 속이는 데 성공해야 하는 것이지요.

그렇다면 정직의 문제에서는 속이려는 의도가 속임의 성공 여부보다 더 중요하다고 할 수 있습니다. 비교를 위해 속이려고 애쓰지만 항상 실패하는 사람을 떠올려봅시다. 칠호는 종종 학원을 빼먹고 게임을 하다가 집에 늦게 들어가지만 엄마에게는 보충수업을 하느라 늦었다고 거짓말을 합니다. 칠호는 오늘도 잘 속여 넘겼다고 좋아하지만 엄마는 이미 아들의 마음을 손바닥 보듯 훤히 들여다보고 있기 때문에 한 번도 속지 않았습니다. 엄마를 속이는 데 성공한 적이 없는 칠호이지만 정직하지 못한 아들인 것으로 보입니다. 실제로 엄마를 속이지는 못했지만 속이려는 의도로 기만을 시도했으니까요. 상대를 속이지 않은 것이 아니라 속이지 못한 것뿐입니다. 이는 칠호가 정직해서가 아니라 충분히 영리하고 철저하지 못해서 그렇다고 봐야 하겠지요. 이렇듯 능숙하지 못해서 속이는 데 실패하더라도 속이려는 마음만으로 부정직할 수 있습니다.

◦ 왜 속이려고
  했을까?

그렇다면 의도를 가지고 속이려는 시도는 모두 나쁜 것일까요? 이 역시 반드시 그런 것은 아닙니다. 여기서 중요한 한 가지는 왜 속이려고 했는지, 즉 속이려 하는 이유입니다. 예를 들어 자신의 이익을 위해서, 경쟁자를 깎아내리기 위해서, 혹은 단순히 재미로 다른 사람을 속이려고 했다면 이는 정직하지 못한 행동입니다. 이러한 속임은 상대방의 속지 않을 권리를 존중하지 않는 행위니까요. 하지만 때로는 다른 사람을 돕기 위해, 또는 더 큰 위험을 막기 위해 어쩔 수 없이 속여야 하는 상황도 있습니다. 만약 누군가를 큰 곤경에서 구해주기 위해서나 친구의 기분을 좋게 하기 위해서 속이는 경우에는 그 사람이 반드시 부정직하다고 볼 수는 없습니다. 상대의 속지 않을 권리에 대한 존중이 없기 때문에 속인 것이 아니라 그 상황에서 더 중요한 가치를 위해 어쩔 수 없이 속인 것이라면 이는 부정직한 성품으로부터 나온 행위라고 할 수 없으니까요.

즉 앞서 말씀드렸듯이 윤리적 관점에서 정직을 이야기할 때에는 '상대의 속지 않을 권리를 존중했을까?'라는 질문을 중심으로 판단해야 합니다. 문 앞의 살인자 사례에 적용해볼까요? 이 경우 살인자는 내가 친구의 행방에 대해 진실을 말하면 그 정보를 가지고 친구를 살해할 악한 의도를 가지고 있습니다. 이 살인자는 이러한 나쁜 의도를 가지고 있기 때문에 적어도 그 의도를 행동으로 옮기는 데 필요한 정보인 친구의 행방에 대해서는 속지 않을 권리를 박탈당했다고 볼 수 있습니다. 그렇기 때문에 이 상황에서는 속지 않을 권리를 살인자가 갖고 있지 않은 상황이라고 보아도 괜찮을 것이며, 적어도 친구가 어디 있는지에 대해서는 속여도 정직의 덕목에 어긋난 것이 아니라고 할 수 있는 것입니다.

물론 속지 않을 권리를 박탈당하지 않은 사람을 속여도 괜찮은 경우도 존재합니다. 가령 무고한 사람을 속여야만 한 사람의 목숨을 살릴 수 있는 상황을 떠올려볼 수 있겠지요. 앞선 사례에서 문 앞의 살인자가 들이닥쳤을 때 하필 지나가던 옆집 할머니가 눈치 없이 반갑게 인사하며 다가왔다고 해봅시다. 이 할머니는 살인자가 죽이려고 하는 친구가 있었다는 사실을 모릅니다. 그럴 때 할머니에게 사실을 말하면 무심코 살인자에게 그걸 전할 수도 있기 때문에 할머니에게도 자기는 아무도 못 봤다고 거짓말을 할 수도 있습니다. 이 경우 이 할머니는 살인자와 달리 특별한 악의가 없기에 속지 않을 권리를 가지고 있습니다. 다만 이 상황에서는 할머니의 속지 않을 권리를 존중하라는 정직의 요구보다 사람의 목숨을 구하라는 선의의 요구가 더욱 강할 뿐이지요. 지혜로운 사람이라면 일의 경중을 따져 경각에 달린 사람의 목숨을 구하는 일을 우선할 것입니다. 이런 사례 역시 일부러 상대를 속이는 행위가 반드시 그 사람의 부정직한 성품을 의미하는 것은 아님을 보여줍니다.

◦ 속는 사람이 속여도 된다고 하면 괜찮을까?

그렇다면 속는 사람이 속여도 된다고 허락하는 경우는 어떨까요? 우리에게는 나쁜 짓도 상대가 동의한다면 허용된다는 생각이 있습니다. 예를 들어 영화 속에서 뺨 맞는 장면을 촬영할 때 상대 배우에게 진짜로 때려도 된다고 허락을 받은 경우에는 뺨을 때려도 괜찮을 수 있지요. 친구의 지우개를 그냥 가져가면 도둑질이지만 허락을 받고 가져가면 빌리는 게 되는 것처럼 말입니다. 그렇다면 속여도 된다는 허락을 받고 속이면 부정직하지 않은 것인지 물을 수 있습니다.

하지만 기만에 대해서는 미리 허락을 하기도 구하기도 어렵습니다. 속는 사람이 자기가 속는 줄 몰라야 성공한다는 기만의 특징 때문이지요. 예를 들어 "나를 때려도 돼"라고 허락한 사람은 맞을 준비가 됐다고 할 수 있지만 "나를 속여도 돼"라고 말한 사람을 속이는 것은 어렵습니다. "너의 과거에 대해서 나를 속여도 돼"라고 친구에게 허락했다면 친구가 "응, 나는 과거에 아무런 잘못도 하지 않았어"라고 말했을 때 그걸 곧이곧대로 믿을 수 있을까요? 진실을 말한 것인지 허락받은 대로 가짜 결과로 속인 것인지에 대한 의심부터 들 것입니다. 또 다른 사례로 남자친구가 다른 여자를 만나는 것 같은 느낌을 받는 사람의 경우를 생각해보겠습니다. 불안해진 나머지 남자친구에게 "바람 안 피웠지? 만약 피웠다면 날 속여도 좋아"라고 말했을 때 남자친구가 "당연하지. 바람 안 피웠어!"라고 말했다고 해보지요. 그러면 이 말이 진실인지 아니면 속여도 좋다는 나의 요청을 들어준 것인지 구별하기가 어려울 것입니다.

속인다는 행위의 이러한 특징 때문에 피험자를 속여야 하는 의료 실험이나 심리학 연구에서는 참여자의 동의를 미리 구하기가 어렵다는 문제도 생겨납니다. 예를 들어 사실은 부정행위에 영향을 미치는 요소에 대해 알아보는 심리학 실험이지만 인지능력을 테스트하는 것이 연구의 목적이라고 피험자를 속일 수 있습니다. 부정행위에 대한 연구라는 것을 알면 자신의 이미지 관리를 위해 의식적으로 평소보다 정직하게 행동하려고 노력할 수도 있으니까요. 이런 경우 어쨌든 상대를 동의 없이 속인다는 것은 사실이기에 이러한 기만적 실험에는 윤리적 문제가 있다는 주장도 있습니다.

그렇다면 이처럼 속여야 할 이유가 있지만 동의를 구하지 않으면 문제가 되는 경우에는 어떻게 해야 할까요? 속여도 된다는 허락을 받는 것이 가능할까요? 한 가지 대안은 속임의 영역을 적절한 범위로 제한하는 것입니다. 우선 그 영역이 너무 넓으면 의미 있는 동의를 하기가 어렵습니다. 예를 들어 뜬금없이 "나 너 속여도 돼?"라고 묻는 친구에게 선뜻 "응"이라고 말하기는 어려울 것입니다. 어떤 문제에 대해 언제 속이겠다는 건지 알 수 없기 때문입니다. 가령 내가 응원하는 농구팀이 졌다고 속이는 정도는 허락하지만 부모님이 아프다고 속이는 건 허락할 수 없는 경우도 있으니까요. 그래서 충분한 정보가 주어지지 않은 동의는 별 의미가 없습니다. 그렇다고 너무 범위를 좁혀도 안 됩니다. 그렇게 되면 속이는 것 자체가 어렵기 때문이지요. 예를 들어 "나 내일 너한테 빌려줄 돈 없다고 속여도 되니?"라고 묻는다면 상대는 "돈 없어"라는 말에 속고 싶어도 속을 수 없을 것입니다.

그렇지만 적절한 영역에서의 속임에 대한 동의를 구하는 것은 가능합니다. 카드 게임을 예로 들어볼까요? 포커 게임을 할 때 우리는 서로의 패에 대해서 허풍을 떨어도 된다는 암묵적 동의를 하고 시작합니다. 가령 안 좋은 패가 들어와도 좋은 척하거나 좋은 패가 들어왔을 때 짐짓 울상을 할 수도 있겠지요. 적어도 이 제한된 영역에 대해서는 서로 속지 않을 권리를 내려놓는 것입니다. 하지만 여분의 카드를 몰래 소매에 숨겨서 좋은 패를 만들어내는 것은 동의하지 않은 속임수에 해당합니다. 즉 들고 있는 패에 대한 속임은 허락하지만 여분의 카드를 몰래 숨겨 오는 속임은 허락하지 않은 것이지요. 이처럼 특정한 영역에 대해서만 제한적으로 속임에 대한 동의를 하는 것이 가능합니다. 피험자를 속이는 연구에도 이런 영역 내 속임에 대한 동의를 구할 수 있을 것입니다. 객관적인 실험 결과를 얻는 데 필요한 최소한의 속임 요소는 남겨둔 채로 최대한의 정보를 피험자에게 제공한 뒤 제한된 영역별 속임에 대한 동의를 구한다면 부정직의 문제를 줄일 수 있을 것입니다.

정리하자면, 정직은 단순히 거짓말을 했는지 여부나 상대를 속이는지 여부로 판단할 수 없습니다. 중요한 것은 속이려는 의도가 있는지, 왜 속이려고 했는지, 무엇보다 상대의 속지 않을 권리를 존중했는지를 신중하게 살피는 일입니다. 그리고 어렵기는 하지만 특정한 영역에 대해 속여도 된다는 동의를 구할 경우 부정직의 문제에서 어느 정도 자유로울 수 있다고 말했습니다. 이는 곧 그 영역에 대한 속지 않을 권리를 내려놓는 일이니까요. 이처럼 윤리적인 관점에서 정직을 이야기할 때에는 '거짓말을 했나?', '상대를 속였나?' 등 겉으로 드러나는 행위 자체에 집중하기보다 '상대의 속지 않을 권리를 충분히 존중했을까?'라는 질문을 중심으로 판단해야 합니다. 그래야 개별적 상황에서 나타나는 복잡한 윤리적 요소들을 분별해내는 지혜를 더 효과적으로 발휘할 수 있을 것입니다.

정직한 사람도 헛소리를 할까?

◦ 헛소리는 진실에 대한 관심 없이 그냥 내뱉는 말이다

이번에는 정직한 사람도 **헛소리**bullshit를 하는지에 대해 살펴볼까요? 여기서 헛소리란 흔히 하는 실없는 말이 아니라, 철학자 해리 프랭크퍼트가 제시한 특수한 개념을 말합니다. 즉 헛소리란 한마디로 '진실에 대한 관심 없이 그냥 하는 말'이라고 할 수 있습니다. 쉽게 말해 자기가 하는 말이 참인지 거짓인지에 대해 신경 쓰지 않고 던지는 말이라고 할 수 있지요. 헛소리는 그런 점에서 거짓말과 다릅니다. 거짓말의 경우에는 본인이 하는 말이 거짓이라고 믿고 그 거짓을 상대가 믿도록 하는 말이지만, 헛소리는 자기가 하는 말이 거짓이든 참이든 그냥 내뱉는 말입니다. 헛소리는 단순한 실수와도 다릅니다. 실수가 진실을 말하려고 했는데 실패하는 것이라면 헛소리는 애초에 자기 말이 참인지 거짓인지에 대한 관심이 없습니다. 마치 '아니면 말고' 식의 가짜 뉴스를 퍼뜨리는 행위와 비슷합니다. 사실인지 아닌지 확인하지 않고 그냥 들은 대로, 혹은 떠오르는 대로 이야기하는 것이지요.

헛소리와 관련해서 비트겐슈타인의 재미있는 일화가 있습니다. 하루는 비트겐슈타인이 병이 난 친구에게 병문안을 갔다고 합니다. 친구에게 "기분이 어때? 괜찮아?"라고 물었더니 "차에 치인 개가 된 느낌이야"라고 말했다고 합니다. 그런데 갑자기 비트겐슈타인이 "네가 그걸 어떻게 알아?"라며 화를 냈다고 하네요. 비트겐슈타인은 왜 이 말을 거슬려 했을까요? 사람들이 흔히 쓰는 비유적 표현인데 말이지요. 그는 친구가 그냥 "정말 아

　　　　　　　　　　　　5장 정직

파"라고 이야기하면 될 것을 마치 자기가 개가 되어 차에 치인 경험을 알 수라도 있는 듯이 이야기하는 태도에 문제가 있다고 본 것입니다. 진실만을 말하려는 사람이라면 자기가 말하는 것이 참인지 거짓인지에 대해 관심이 없을 수가 없겠지요. 비트겐슈타인은 친구가 자기 말의 진실성에 대한 관심 없이 아무렇게나 말을 뱉은 무책임함에 불쾌함을 느낀 것입니다. 그런 점에서 이 친구의 말은 헛소리에 해당한다고 볼 수 있습니다. 물론 비트겐슈타인이 언어철학자로서 너무 엄격한 태도를 보였다고 할 수도 있겠지만, 자기가 내뱉는 말의 진실성에 대한 책임감을 강조하는 태도는 시사하는 바가 큰 것 같습니다.

◦ 헛소리는
왜 윤리적으로 문제가 될까?

프랭크퍼트는 헛소리에 거짓말보다도 심각한 윤리적 문제가 있다고 말합니다. 왜 그럴까요? 우선 거짓말쟁이는 참과 거짓에 대해 같은 규칙이 지배하는 '같은 게임'을 한다고 볼 수가 있습니다. 하지만 '헛소리쟁이'는 애초에 참, 거짓 여부를 무시하고 '나는 너의 게임 규칙에 따라줄 생각이 없어'라는 태도를 보이는 것과 같습니다. 즉 진실이라는 것 자체를 무시하는 태도를 보이는 것이기 때문에 진실에 대한 더 큰 적이라고 볼 수 있는 것이지요. 이렇게 진실을 말하는 게임 자체를 진지하게 여기지 않고 헛소리를 일삼는 분위기가 사회에 만연하게 되면 결국에는 진실한 언어적 소통이 어려워집니다. 이것이 바로 헛소리가 문제가 되는 이유입니다.

◦ 헛소리를 피하려면
어떻게 해야 할까?

이런 헛소리를 피하기 위해서는 어떻게 해야 할까요? 우선 진실에 대한 민감성을 가지고 항상 진실에 관심을 가져야 하고 자신이 잘 모르는 것에 대해 함부로 말하지 않도록 주의해야 합니다. 이른바 '카더라'에 불과한 근거 없는 뜬소문을 무비판적으로 받아들이고 남에게 전하는 태도를 조심해야 하는 것이지요.

물론 어떤 사람들은 "별생각 없이 한 말인데 뭘 그러냐? 딱히 속이려는 생각은 없었다고!"라며 억울해할 수도 있겠지요. 하지만 생각 없이 말을 하는 태도 자체에 문제가 있습니다. 발화, 즉 말을 하는 행위에는 기본적으로 '진실을 전하려는 노력을 해야 한다'는 내적인 규범성이 있습니다. 즉 우리가 말을 할 때는 '진실을 이야기해야 한다'는 암묵적 약속이 있는 것이지요. 그래서 말이라는 걸 할 때에는 아무 말이나 하면 안 된다는 책임이 따라옵니다. 흔히 "이게 말이야, 방귀야?"라고 말하지요. 도저히 말이 안 되는 말을 들을 때 우리가 하는 표현입니다. 말과 방귀의 차이는 진실을 전하려는 의도가 있는지 없는지에 달려 있습니다. 우리가 다른 사람에게 말을 할 때에는 그걸 듣는 사람이 믿을 수도 있다는 점을 항상 염두에 두고 책임감 있게 해야 하는 것입니다.

이것을 요리에 비유해보겠습니다. 참인지 거짓인지 신경을 쓰지 않고 말을 하는 것은 상했는지 안 상했는지 신경 쓰지 않고 준비한 요리를 권하는 것과 마찬가지입니다. 요리사라면 음식을 만들 때 대충 만들어서는 안 됩니다. 재료가 상하지 않았는지 확인하고, 위생에 신경 쓰고, 맛있는 음식을 만들기 위해 노력해야 합니다. 만약 요리사가 대충 만든 음식을 손님에게 내놓아서 그 음식을 먹은 손님이 배탈이 났다면 "별생각 없이 만들었는데요?", "손님을 배탈 나게 하려는 의도는 없었습니다"라고 변명할 수는 없을 것입니다. 손님에게 건강에 문제가 없는 음식을 제공하는 것은 요리사의 기본적인 책임이기 때문입니다. 마찬가지로 우리가 말을 할 때에도 대충 아무 말이나 하면 안 되고 진실을 왜곡 없이 전하려고 노력해야 합니다.

다시 말해 헛소리를 피하려면 자신이 뱉은 말에 대한 강한 책임감을 가져야 합니다. 만약 자신이 한 말이 사실과 다르다는 것을 알게 되면 나중에라도 바로잡으려고 노력하는 태도를 보여야 합니다. 실제로 이러한 책임감을 보여주는 인상적인 사례를 기사에서 본 적이 있습니다. 어떤 어시장에서 다른 생선을 팔려고 하다가 실수로 복어를 판매한 사건이 있었습니다. 복어는 잘못 조리하면 독성이 있기 때문에 매우 위험하지요. 이 상인은 어시장에서 CCTV를 보고 손님들에게 일일이 연락해 복어를 어디에서 사 갔는지, 지금 어디에 있는지 끝까지 추적해 모두 회수했다고 합니다. 이렇게 자신이 제공한 것에 대해 책임을 지려는 태도는 매우 중요합니다.

말의 경우도 그렇습니다. 인터넷에 한 연예인의 잘못에 대한 글을 올렸는데 사실이 아닌 것으로 드러났다고 해보지요. 그럴 때는 당연히 바로 글을 지워야 하는 것은 물론이고 그 글을 읽고 오해하고 있을 독자들에게 해명해야 합니다. 나아가 필요하다면 함부로 확인되지 않은 글을 올려 명예를 실추시킨 그 연예인에게도 진심 어린 사과를 전해야 할 것입니다. 이렇듯 책임감을 가지고 말을 하는 것과 그렇지 않은 것의 차이가 헛소리와 진실된 말의 차이입니다. 우리가 별생각 없이 내뱉은 말 한마디가 다른 사람에게 큰 영향을 미칠 수 있다는 것을 기억해야 합니다. 요리사의 작은 실수가 손님의 건강을 해칠 수 있는 것처럼, 우리의 무심한 말 한마디가 다른 사람에게 거짓과 오해를 심어줄 수 있습니다. 따라서 우리는 한 마디를 하더라도 진실을 전하려고 노력하고 책임을 지는 태도를 가져야 합니다. 이것이 바로 헛소리를 피하고, 진실된 소통을 만들어가는 첫걸음입니다.

◦ 헛소리는
정직하지 않은 것일까?

그런데 헛소리를 한다고 해서 정직하지도 못한 것이라고 할 수 있을까요? 일부러 상대를 속이려고 하는 거짓말과 달리 헛소리는 무책임한 태도를 보일 뿐, 부정직하다고는 할 수 없는 것이 아닐까요? 이 질문에 대한 답은 헛소리가 상대의 속지 않을 권리에 대한 존중을 제대로 보여주는지에 달려 있습니다. 그럼 헛소리와 정직의 관계를 한번 살펴보지요.

우선 딱히 속이려는 의도 없이 확실하지 않은 내용을 말하는 헛소리는 단순한 무책임함을 보여줄 것입니다. 예를 들어 다음의 대화를 생각해보지요. "무임아, 지금 밖에 비 와?" "아니." "오그래? 어떻게 알아? 밖에 나가봤어?" "그냥 찍었어."

이 상황에서 무임이는 근거도 없는 말을 함부로 했습니다. 그 말을 듣고 나갔는데 만약 비가 오고 있다면 친구는 비를 맞아야 했을 수도 있겠지요. 별생각 없이 그 말을 했든 장난으로 했든 이 헛소리는 무임이의 무책임한 태도를 보여줍니다. 하지만 무임이는 자기가 거짓이라고 믿는 걸 상대에게 믿게 한 것이 아니라 참인지 거짓인지 모르는 것에 대해 아무렇게나 말한 것이기 때문에 속지 않을 권리를 침해하려고 한 것이라 보기는 어렵습니다. 이 경우 잘못된 태도를 보여줬지만 부정직이 아니라 무책임이 문제가 되는 것이지요.

단순히 무책임한 헛소리 외에 '부정직한 헛소리'도 존재합니다. 마을 이장 선거에 나선 김허언 씨의 사례를 가정해보겠습니다. 이번 선거에서 핵심 쟁점은 마을에 들어설 비료 공장입니다. 허언 씨는 비료 공장이 들어서면 마을에 도움이 될지 말지에는 관심이 없습니다. 하지만 그는 마을 사람들에게 "비료 공장이 들어서면 우리 마을 경제가 크게 발전할 것입니다!"라고 외치고 다닙니다. 그렇게 말해야 당선될 확률이 높다고 생각하기 때문이지요. 허언 씨는 비료 공장이 실제로 마을에 어떤 영향을 미칠지에 대해서는 아무 생각이 없습니다. 참인지 거짓인지 모르고 진실을 알고 싶어 하는 마음도 없지요. 그러면서도 그는 마을 사람들에게 자신이 하는 말이 진실이라고 믿도록 만들려고 하는 것입니다.

그런데 엄밀하게 말해 허언 씨는 자기가 하는 말이 딱히 거짓이라는 믿음도 없다는 점에서 상대를 속이는 거짓말쟁이와는 다릅니다. 그렇다면 이런 헛소리도 무책임할 뿐 부정직한 것은 아니라고 해야 할까요? 그렇지 않습니다. 허언 씨도 마을 사람들을 속이고 있는 부분이 있습니다. 자기가 하는 말을 스스로 믿고 있다고 마을 사람들이 믿게 만들려 하고 있기 때문이지요. "비료 공장은 우리 마을에 도움이 됩니다!"라고 말하고 있지만 그는 스스로 그 말이 딱히 참이라고 믿지 않습니다. 그 점에서 허언 씨는 그가 자기 말을 믿고 있는지 여부에 대해 속지 않을 권리를 존중하지 않고 있는 것입니다. 비료 공장의 영향에 대해 속인 것은 아니더라도 본인의 믿음에 대해서는 속였다고 할 수 있는 것이지요. 그는 자신이 하는 말에 대한 믿음이 없으면서도 유권자들이 자신을 믿도록 만들려고 했습니다. 그렇기 때문에 이런 발언은 무책임할 뿐만 아니라 정직하지도 못하다고 말할 수 있습니다.

정리하자면, 헛소리는 참인지 거짓인지 여부에 관심 없이 하는 말이며, 거짓말과는 구별됩니다. 하지만 자신의 믿음에 대해 남을 속이려고 하는 헛소리는 부정직함을 드러낼 수 있습니다. 진실을 전하기 위해서는 의도적인 거짓말을 해서도 안 되지만 잘 모르는 걸 마치 진실인 것처럼 내뱉는 헛소리 역시 하지 말아야 합니다. '이게 도대체 말이야 방귀야?'라는 의문이 들 만한 소리는 자기 입에서 분출되지 못하게 막아야 하겠지요. 우리는 진리를 향한 여정에서 서로에게 기대어 걸어가고 있으니까요. 그렇기에 우리가 발화라는 행위를 할 때에는 괜히 모르면서 아는 척하지 않도록 주의해야 합니다.

정직한 사람은 약속도 잘 지킬까?

이번에는 정직과 **약속**의 관계에 대해서 살펴봅시다. 우리는 종종 '정직한 사람은 약속도 잘 지킨다'고 생각합니다. 하지만 정말 그럴까요? 우선 약속이 무엇인지부터 간단하게 살펴보겠습니다.

> 인간은 약속하는 동물이다.
>
> _가브리엘 마르셀

약속이란 누군가와 미래의 일을 어떻게 할지 정해두는 행위입니다. 프랑스 철학자 가브리엘 마르셀이 위에서 한 말처럼, 오직 인간만이 약속이란 걸 할 수 있는 동물이지요. 너무나 익숙하고 흔한 행위이지만 생각해보면 약속이란 참으로 신기하고 어려운 일입니다. 어떻게 한낱 말이 미래의 행위를 규제할 수 있을까요? 우리는 말을 통해 미래의 행위를 규정하고 그때가 되었을 때 그것을 지키려고 노력합니다. 개나 고양이 같은 다른 동물들은 본능적으로 특정 장소에 가거나 계절에 따라 이동할 수는 있지만, 인간처럼 "내일 한 시에 여기서 만나자"라고 약속하고 그 약속을 지키는 행위를 하지는 못합니다. 따라서 약속은 미래와 시간에 대한 개념, 서로에 대한 기본적인 신뢰, 의무감으로 동기부여를 받는 능력 등이 요구되는 고차원적인 행위라고 할 수 있습니다.

◦ 거짓 약속과
약속 어김

그렇다면 정직이라는 덕목은 약속 준수를 요구한다고 할 수 있을까요? 반드시 그런 것은 아닙니다. 우선 두 가지 경우를 나누어 생각해봅시다. 첫 번째는 '거짓 약속'입니다. 가희가 희중이에게 "100만 원만 빌려줘. 다음 주에 꼭 갚을게"라고 약속하는 상황을 떠올려봅시다. 그런데 사실 가희는 이 말을 할 때 이미 갚을 마음이 없었습니다. 희중이가 다음 주에 돈을 갚을 것이라고 믿게 해서 돈을 받아내려는 속셈이었지요. 그런 의미에서 상대를 속이는 거짓 약속을 하고 있는 것입니다. 이 경우는 자신의 이익을 위해 상대방의 속지 않을 권리를 존중하지 않는 태도로 거짓 약속을 하는 것이니 부정직한 행위라고 할 수 있습니다. 정직한 사람이라면 이런 식으로 거짓 약속을 하지는 않겠지요.

이번에는 '약속 어김'의 사례를 생각해봅시다. 거짓 약속을 하는 사람은 물론 약속을 어기겠지만 약속을 어기는 행위가 항상 부정직한 행위라고 보기는 어렵습니다. 이번에는 진희가 희중이에게 다음 주에 갚을 테니 100만 원을 빌려달라고 하는 경우를 생각해봅시다. 가희와 달리 진희는 자신의 말을 진심을 다해 지킬 생각으로 약속합니다. 하지만 갚으려고 마련해둔 돈을 갑자기 도둑맞아 어쩔 수 없이 약속을 지킬 수 없게 되었습니다. 가희도 진희도 약속을 어긴 점에서는 마찬가지이지만 진희가 단순히 약속을 지키지 못했다는 이유로 부정직하다고 보기는 어려울 것입니다. 약속을 하는 시점에는 분명 지킬 의도가 있었기 때문입니다.

사람이 살면서 자기가 한 약속을 모두 지키기는 어려울 것입니다. 하지만 부득이 약속을 지키지 못하게 되는 상황이 오더라도 정직한 사람이라면 최대한 대안을 찾아보거나 적어도 신속히 약속한 상대에게 그 상황에 대해 알리려고 노력할 것입니다. 가희는 약속한 날이 다가오더라도 도망가거나 침묵하겠지만 진희는 도둑맞은 뒤에 희중이에게 전화를 해서 "미안해, 도둑을 맞아서 갚기가 어려울 것 같아. 어떻게든 마련해서 최대한 빨리 갚을게"라고 말하겠지요. 똑같이 약속을 어기더라도 이러한 태도의 차이에서 정직과 부정직이 갈리게 되는 것입니다.

5장 정직

약속하는 시점에는 지킬 의도가 있었지만 막상 지킬 시점이 되면 게으르거나 마음이 변해서 약속을 어기는 사례는 어떻게 보아야 할까요? 이 경우도 물론 바람직하지 않은 태도를 보인 사례입니다. 하지만 상대를 속이려고 일부러 거짓 약속을 한 것은 아니기 때문에 부정직의 문제가 아니라 불성실이나 무책임의 문제라고 보는 편이 더 적합하겠지요. 이처럼 약속을 어기는 사례도 조건에 따라 여러 가지로 해석될 수 있음을 알아야 상황에 맞게 지혜로운 판단을 할 수 있습니다.

정리하자면, 정직한 사람은 거짓 약속을 잘 하지 않지만 때로는 어쩔 수 없이 약속을 어길 수도 있습니다. 부득이하게 약속을 어기게 될 경우는 상대방에게 알리고 대안을 찾거나 보상을 해주려는 노력을 기울입니다. 하지만 약속을 지키지 못했다는 사실만으로 그 사람을 부정직하다고 단정할 수는 없습니다. 정직을 이야기할 때 가장 중요한 것은 약속할 당시의 진정성과 약속을 지키기 위한 노력입니다. 그것이 상대의 속지 않을 권리에 대한 존중을 보여주니까요.

자신에게 정직하지 못할 수도 있을까?

정직한 사람은 다른 사람을 잘 속이지 않습니다. 하지만 자신을 속이는 **자기기만**의 경우에는 어떨까요? 남을 사랑하기 위해서는 나부터 사랑해야 하듯, 남에게 정직하기 위해서는 나부터 속이지 말아야 할 것입니다. 하지만 자신을 속이는 일이 어떻게 가능할까요? 스스로에게 정직하지 못할 수도 있는 걸까요? 어렵고도 흥미로운 주제입니다. 이 질문에 답하기 위해서는 자기기만이 가능한지 먼저 살펴보아야 합니다.

○ 스스로를
속일 수 있을까?

자기기만이 어려워 보이는 이유는 크게 두 가지로 나눌 수 있습니다. 하나는 한 명제에 대해서 참이라고 믿으면서 동시에 거짓이라고 믿기는 힘들다는 점입니다. 예를 들어 지금 "지구는 둥글다"고 믿는 동시에 "지구는 둥글지 않다"고 믿으려고 해보세요. 어려울 겁니다. 그러면 지구가 둥글다고 믿는 자신에게 지구가 둥글지 않다고 속이는 일 역시 쉽지 않을 것입니다. 또 다른 난점은 속는 사람이 속이는 사람의 속이려는 의도를 알면 속기가 어렵다는 점입니다. "희중아, 지금부터 내가 다음 주에 돈을 꼭 갚겠다고 널 속일 거야. 그러니까 잘 속아줘!"라고 말한다면 희중이는 속고 싶어도 속기 어렵겠지요. 이런 이유들 때문에 남을 속이는 경우와 달리 자기기만은 성립하기 어려운 점이 있습니다.

5장 정직

그렇다고 해서 자기기만이 불가능하다고 단정 짓기는 아직 이릅니다. 실제로 우리는 자신을 속인다는 표현을 자주 하며 일상에서 흔히 접하기도 하지요. 이런 현상을 설명해내려면 자기기만이 어떻게 가능한지 이해할 수 있어야 합니다. 우선 '기만'이 가능하기 위해서는 속이는 사람과 속는 사람을 어떻게든 분리해야 합니다. 그렇다면 '자기기만'이 성립되기 위해서는 '자아'를 둘로 나누어야 할 것입니다.

◦ 자기기만은 어떻게 가능할까?

우리는 자아를 심리적 구분을 통해 속는 자와 속이는 자로 나눌 수 있습니다. 쉽게 말해 마음을 둘로 나누어 각각의 방에 다른 믿음을 밀어넣는 것이지요. 우리는 때로 무의식적으로 자신을 속이기도 합니다. 한 나치 군인의 사례를 들어봅시다. 그는 조금만 깊게 생각해본다면 수많은 유대인을 가스실에 가두고 학살하는 일이 얼마나 악한 일인지 알 수 있습니다. 하지만 그는 이 사실을 인지할 때 느껴질 괴로움을 마주할 용기가 없기에 자기도 모르게 자기 행동의 악함을 증명할 증거들은 외면하고 그 행동을 합리화할 근거들을 모으기 시작합니다. '나는 상부의 명령을 따르는 군인일 뿐이다', '저 사람들은 죽을 만큼 나쁜 짓을 했기 때문에 죽어 마땅하다', '나는 오늘 너무 피곤해서 다른 생각을 할 힘이 없다'. 이런 생각들로 머릿속을 채워 자신이 선택하기만 한다면 학살을 거부할 수 있다는 사실을 애써 외면하게 됩니다. 이런 태도 역시 넓은 의미에서 자기기만이라고 부를 수 있을 것입니다.

◦ 자기기만은 왜 나쁠까?

이처럼 자기기만이 개념적으로 성립하고 실제로도 가능하다면, 자신을 속이는 일은 왜 나쁜 것일까요? 남에게 직접적인 피해를 주지 않는다고 해도 문제가 될까요? 우선 이는 자신이 가지고 있는 속지 않을 권리를 존중하지 않는 태도라고 말할 수 있습니다. 앞서 정직이란 속지 않을 권리에 대한 존중에서 나온다고 말했는데 그런 권리가 있다면 자신에게 속지 않을 권리도 있습니다. 자신을 속일 수 있다면 자신의 권리도 스스로 침해할 수 있다는 걸 의미하기에 자기기만은 부정직의 한 사례라고 볼 수 있는 것입니다.

그뿐만 아니라 자기기만은 자기반성을 어렵게 만듭니다. 진정한 반성은 자신에 대한 진실을 마주하는 데서 시작됩니다. 하지만 자기기만에 빠진 사람은 자신의 잘못이나 부족한 점을 인정하기 어렵게 됩니다. 자신을 속여 자신에 대한 진실을 가린 상태에서는 진정한 반성이 불가능합니다. 자기기만은 '눈 가리고 아웅'이나 마찬가지입니다.

자신의 문제점을 제대로 인식하지 못하는 상태에서는 당연히 자기 발전도 어렵습니다. 객관적인 상황을 제대로 인식하지 못하고, 자신의 강점과 약점을 파악하지 못하는 상태에서는 발전을 위한 노력을 할 수 없으니까요. 나아가 자기기만은 자신의 선택과 행동에 대한 책임을 회피하는 태도를 강화합니다. "어쩔 수 없었어", "나는 최선을 다했어"와 같이 자신을 합리화하며 책임을 회피하는 경향이 강해지는 것이지요.

"바꾸지 않고 있는 것은 곧 당신이 선택한 것이다"라는 말이 있습니다. 가령 나치 군인도 내가 하는 일이 얼마나 지금 나쁜 짓인가를 직시해야 도덕적으로 발전할 수 있는 발판이 마련될 텐데 이 점에서도 불가능해지는 거지요. 사르트르의 말대로 우리가 '자유롭도록 선고받은' 존재라면 자유롭지 못한 척하며 책임을 회피하는 태도는 주체적이고 진실한 삶을 살아가는 데 걸림돌이 될 것입니다.

또한 자기기만은 앞뒤가 맞지 않고 일관성 없는 가치관을 형성하게 합니다. 자신의 행동을 합리화하기 위해 끊임없이 가치관을 바꾸거나 모순된 주장을 반복하게 만들지만 거짓은 결국 언젠가는 앞뒤가 맞지 않게 되어 있고 특히 동일한 사람인 자신을 속이는 데에는 한계가 있습니다. 자기기만을 일삼는 사람은 얄팍한 커튼으로 속는 자신과 속이는 자신을 분리합니다. 하지만 남을 속이는 경우와 달리 그 커튼은 작은 계기로도 걷어내기 쉽지요. 만약 위의 사례에 나온 군인에게 누군가 다가와서 "너 사실은 알고 있잖아!"라고 말하며 피할 수 없는 증거를 눈앞에 들이댄다면 심리적으로 크게 동요할 것입니다. 마주하기 겁내던 사실을 직면했을 때 충격을 받고 죄책감에 시달릴 수도 있고 굳이 정곡을 찔러 자기기만의 커튼을 걷어낸 사람에게 화를 낼 수도 있습니다.

자기기만은 모두에게 찾아올 수 있는 심리적 함정입니다. 이런 자기기만의 습관을 이겨내기 위해서는 자신이 가진 잘못과 결점을 직시할 수 있는 건강한 자존감과 용기를 지녀야 합니다. 자기기만은 모래 위의 성 같은 나약한 자아를 짓는 길입니다. 결국 자신에게 정직한 사람이 탄탄하고 계속해서 나아지는 자아를 만들 수 있을 것입니다.

인공지능은 정직할까?

지금까지 사람의 정직에 대해서 이야기해보았습니다. 그럼 이번에는 인공지능AI도 정직하다고 할 수 있는지 살펴볼까요? 인공지능은 요즘 거의 모든 분야에서 화두로 떠올랐다고 해도 과언이 아닙니다. 그중에서도 '챗GPT'와 같은 대화형 AI 프로그

램은 사람과 대화를 나눌 때 상대방이 AI인지 사람인지 헷갈릴 정도로 똑똑해졌습니다. 하지만 이 AI가 제공하는 정보가 그럴 싸하기는 해도 항상 정확한 것은 아닙니다. 때로는 틀린 말도 하고 출처가 불분명한 정보를 내놓기도 하지요. 그렇다면 AI는 거짓말을 한다고 보아야 할까요?

◦ AI는 거짓말은 못 해도 헛소리는 할 수 있다

앞서 우리는 거짓말을 '상대를 속이려는 의도로 자신이 거짓이라고 믿는 말을 하는 것'이라고 정의했습니다. 이 정의에 따르면 현재나 가까운 미래의 기술로 볼 때 AI는 거짓말을 할 수 없다고 보아야 합니다. 인간의 '믿음'이나 '의도'에 해당하는 것이 AI에 있다고 보기는 어려울 테니까요. 즉 상대를 속이려는 의도를 갖거나 자기가 거짓이라고 믿는 정보를 제공하는 것이 아니라 데이터에 기반해서 사용자에게 답변을 생성할 뿐입니다. 그렇기 때문에 AI가 거짓말을 할 수 없다면, "AI는 정직하다고 할 수 있을까?"라는 질문에 대해서도 마찬가지로 대답할 수 있습니다. AI는 의식이나 성품을 가지고 있지 않기 때문에 존중이나 무시를 한다고 볼 수 없습니다. 그래서 정직하다거나 부정직하다는 성품의 관점에서 평가를 하기 어려울 것입니다.

AI가 거짓말을 하거나 부정직하다고 말할 수 없다고 해서 AI

가 생성하는 답변을 그대로 믿어도 된다는 말은 아닙니다. 거짓말은 못 해도 틀린 정보를 주기도 하니까요. 그럼 AI가 틀린 답변을 생성하는 현상을 어떻게 이해할 수 있을까요? 그건 앞서 살펴보았던 '헛소리'라는 개념을 통해 포착될 수 있을 것입니다. 예를 들어 어떤 인물의 프로필에 대해 질문했을 때, AI는 허위 프로필을 작성하거나 가짜 정보를 제공할 수 있습니다. 이때 AI가 제공하는 정보는 거짓말이라기보다는 '헛소리'에 더 가깝습니다. 왜냐하면 AI는 정보의 참, 거짓 여부에는 무관심하고, 단순히 주어진 데이터를 조합해 결과를 출력하기 때문입니다. 사용자를 속이려는 의도나 자신의 정보가 진실이라고 믿게 만들려는 의도 역시 없습니다. 어떤 것에 대해서도 속이려는 의도가 없기 때문에 부정직한 헛소리보다는 무책임한 헛소리에 더 가깝다고 할 수 있습니다. '무책임함'이라는 태도를 AI가 갖고 있다고 여기는 것 역시 의인화된 표현이겠지만 말이지요. 이런 이유로 AI가 생성하는 거짓된 정보는 거짓말이 아니라 진실에 대한 관심 없이 내뱉는 헛소리에 가깝다고 할 수 있습니다.

◦ AI 시대,
비판적인 자세가 더욱 중요하다

우리는 바야흐로 AI 시대에 살고 있습니다. 이럴 때일수록 주어지는 정보를 보다 비판적으로 살펴보는 자세가 필요합니다.

많은 사람이 챗GPT와 같은 대화형 AI가 도입된 시대에는 원하는 정보를 제공하는 답변을 적절하게 끌어낼 수 있도록 질문을 잘 하는 능력이 중요해졌다고 말합니다. 물론 매우 중요한 말입니다. 하지만 그보다 더 중요한 것은 주어진 답변을 그대로 수용하지 않고 스스로 사실을 검증하고 비판적으로 판단하는 자세와 능력입니다. AI에게 효과적인 질문을 해서 구체적인 답변을 얻어낸다고 해도 그 답변이 믿을 만한 것인지 알 수 없다면 아무런 소용이 없을 테니까요. AI에 맹목적으로 의존하고 AI가 제공하는 정보를 그대로 받아들이는 '지적 게으름'은 매우 위험합니다.

AI에 대한 지나친 의존과 맹목적인 신뢰는 위험할 수 있습니다. 우리는 AI가 제공하는 정보를 무조건 받아들이기보다 그 내용이 논리적으로 타당한지 진실에 부합하는지 꼼꼼히 살펴보는 비판적 태도를 지녀야 합니다. 예를 들어 "사실 이 책의 내용은 모두 챗GPT가 써준 것입니다"라고 말했을 때, 과거에는 농담으로 받아들여졌을지 모르지만 지금은 그렇게 쉽게 넘길 수 없는 시대가 되었습니다. 챗GPT는 매우 정교한 글을 생성할 수 있기 때문에, 단순히 읽어보는 것만으로는 전문가가 쓴 글과 구별하기 어려울 정도입니다. 실제로 전문을 챗GPT가 작성한 책이 이미 시중에 나와 있기도 하지요.

따라서 AI 시대에는 '누가' 말했는지보다 '무엇'을 말했는지가 더욱 중요해졌습니다. 누가 말했든 틀린 건 틀린 것이고 맞는 건 맞는 것이니까요. 사실 이건 AI 시대 이전에도 통용되던 사실입니다. 저는 수업을 할 때 학생들에게 주어진 논변을 인터넷 '익명 게시판'에 쓰인 내용인 것처럼 보라고 말합니다. 아리스토텔레스가 말했든 동네 아이가 말했든 맞는 건 맞는 것이고 틀린 건 틀린 것일 테니 선입견 없이 그 내용 자체에 집중해서 스스로 분석해보아야 한다는 말이지요. 그 출처가 석학이든, 아이든, AI든, 우리는 주어진 정보를 비판적으로 분석하고 논리적으로 판단할 수 있는 능력을 키워야 합니다. '○○가 말했으니까 무조건 옳다'는 태도를 버리고, 정보의 앞뒤 맥락을 따져보고 진위를 확인하려는 노력을 게을리하지 않아야 합니다. 그래야만 우리는 AI 시대에도 진실에 가까운 정보를 얻고 현명한 판단을 내리며 살아갈 수 있을 것입니다.

정리하자면, AI는 거짓말을 한다고 말할 수 없고 정직이나 부정직을 논할 수도 없지만 헛소리에 해당하는 말을 할 수는 있습니다. 따라서 우리는 AI를 사용할 때 의도에 집중하기보다는 제공되는 정보 자체를 능동적이고 비판적인 자세로 검증하는 태도를 지녀야 합니다.

정직의 덕목을
어떻게 기를 수 있을까?

지금까지 정직이란 무엇이고, 왜 우리는 정직해야 하고, 또 정직은 어떤 특성들을 가지고 있는지 살펴보았습니다. 그럼 마지막으로 정직이라는 덕목을 어떻게 기를 수 있는지 함께 생각해봅시다. 정직을 키우는 방법은 우리 인생의 시기에 따라 각각 다르게 접근해보면 좋을 것입니다. 우리는 자라면서 끊임없이 변해가니까요.

정직의 씨앗을 심다

어린 시절에 우리는 부모님이나 선생님으로부터 "정직해야 한다", "거짓말은 하면 안 된다"라는 말을 수없이 듣습니다. 물론 어린 시절에는 어른들이 하라는 대로 하는 것이 미덕이라고 여겨지기 때문에 '왜'라는 질문을 떠올리기 어렵기도 하지요. 가끔 정말 궁금해서 "왜요?"라고 물으면 말대꾸하는 버릇없는 아이로 오해를 받아 "어른이 하라면 그냥 해!"라는 핀잔을 듣기도 합니다.

하지만 이런 반복적이고 맹목적인 강조를 하는 어른들의 방식에 일리가 없는 것은 아닙니다. 일단 어릴 때에는 복잡한 예외 사항이나 정직이라는 덕목의 바닥에 깔린 근거에 대해 고민하면 잘 이해하지 못하고 오히려 헷갈려서 실천에 어려움을 주기도 하니까요. 어린 시절의 단순한 반복 교육은 정직을 내면화하는 중요한 과정입니다.

아리스토텔레스도 어릴 때에는 '왜'를 이해하는 지혜를 갖추기 어려우니 단순히 옳은 일과 쾌락을, 그른 일과 고통을 연합시켜 습관화하는 교육이 필요하다고 주장했습니다. 이런 반복적인 가르침은 정직이 중요하다는 생각과 거짓말을 하는 것은 나쁘다는 가치관의 씨앗을 우리 마음속에 심어줍니다. 남을 속이려고 하면 일단 죄책감부터 드는 마음의 성향이 생기는 것이지요.

정직의 매력을 발견하다

어느 정도 성장해 스스로 생각할 수 있는 나이가 되면, 정직의 진정한 의미와 가치를 조금씩 이해하게 됩니다. 하지만 이 시기에는 정직하게 살아가려는 실천적 동기가 부족할 수 있지요. 손해 보기가 싫어서 그럴 수도 있고 아직 자아가 단단하게 자리 잡지 못해서일 수도 있습니다. 이럴 때에는 정직이 꼭 손해만 보는 것은 아님을 상기하며 정직하면 좋은 점들을 구체적으로 제시하는 것이 효과적일 수 있습니다. 예를 들어 정직하면 "주변 사람들의 신뢰를 얻을 수 있다", "떳떳하게 살아갈 수 있다", "불안한 마음 없이 편안하게 잠들 수 있다"와 같이 정직의 긍정적인 면을 강조합니다.

물론 이런 점들이 우리가 정직해야 하는 궁극적인 윤리적 이유는 아닐 수 있습니다. 하지만 정직하면 항상 손해 보는 삶을 살아야 한다는 잘못된 믿음이 정직을 실천하는 데 걸림돌이 되고 있다면 이걸 치워주는 일이 먼저 필요할 수 있습니다. 치우친 생각을 바로잡기 위해 반대편에 있는 사실들을 상기시켜줌으로써 정직에 대한 두려움과 거부감을 줄여주는 일이 중요한 이유입니다. 그렇게 해서 정직의 실천을 지속해나가면서 그 내적인 매력들을 발견할 수 있도록 한다면 이 중요한 덕목을 단단하게 기르는 데 도움이 될 것입니다.

정직의 핵심을 깨닫다

이제 사람들에게 거짓말을 하지 않는 습관을 들이고 이기적인 유혹에 흔들리지 않고 남을 속이지 않는 실천을 안정적으로 하는 사람으로 자랐다고 해봅시다. 하지만 복잡한 인생을 살다 보면 그저 거짓말을 삼가고 남을 속이지 않는 것이 정직의 모든 것인지, 또 정직하게 행동하는 것보다 더 중요한 것이 있지는 않은지 의문이 생기기도 합니다. 사람을 구하기 위해서는 거짓말을 해야 할 때도 있고 때로 더 중요한 가치를 위해서라면 남을 속여도 괜찮은 것처럼 보이기도 합니다. 그럴 때는 정직의 핵심이 무엇인지 파악하고 선의나 관대함 등 다른 덕목들과 경중을 잴 줄 아는 지혜를 키워나가는 것이 중요합니다. 그래야 일관된 기준으로 적절한 선택을 하면서 살아갈 수 있기 때문이지요.

이럴 때는 정직의 핵심에는 속지 않을 권리에 대한 존중이 있다는 개념적 이해가 도움이 될 수 있습니다. 거짓말인지, 속임수인지 여부만으로 행위의 옳고 그름을 판단하는 단순한 사고방식을 넘어서 정직의 핵심 가치에 기반해서 복잡한 각각의 상황에서 지혜롭고 일관되게 행동하는 능력이 필요합니다. 정직해지고 싶지만 방법을 모르는 사람들에게는 속지 않을 권리의 존중이라는 일관된 기준을 제시해야 하는 것이지요. 상대방의 속지 않을 권리를 지켜주려는 마음이 곧 정직이라는 점을 강조하고, 구체적인 상황 속에서 어떻게 정직을 실천할 수 있는지 안내한다면 속이지 않으려는 성향과 지혜가 결합해 진정한 정직의 덕목을 갖추게 될 것입니다.

정직은 지혜라는 책의 첫 번째 장이다.

_토마스 제퍼슨

미국에서 가장 존경받는 대통령 중 한 명인 토머스 제퍼슨이 남긴 말입니다. 정직은 지혜의 전제조건이며 지혜롭지만 정직하지 않은 삶 따위는 없다는 뜻이지요. 우리는 불완전한 사회적 동물로서 항상 사람들과 소통하고 교류하며 살아가기에 정직이란 덕목은 더욱 중요합니다. 정직한 사람은 다른 사람들과의 관계에서 신뢰를 얻고, 스스로에게 떳떳하며, 세상에 대한 올바른 판단을 내리며 살아갈 수 있습니다.

오늘날 우리 사회는 정직의 중요성이 그 어느 때보다 커지고 있습니다. 우선 유튜브나 SNS 등 다양한 플랫폼을 통해 가짜 뉴스가 '아니면 말고' 식으로 무분별하게 퍼져나가는 시대입니다. 인터넷을 통해 누구나 정보를 올리고 그럴싸하게 포장할 수 있는 시대에 살고 있는 것이지요. 이러한 상황은 진실에 대한 불신을 키우고 사회 전체를 혼란에 빠뜨릴 수 있습니다. 여기에 진실을 경시하는 풍조가 합쳐진다면 우리는 도대체 뭘 믿어야 할지 모르는 상황에 처할 위험이 있습니다. 인공지능조차도 정보를 만들어내는 상황에서 정보의 진위를 가려내는 것은 오롯이 우리의 몫입니다. 우리는 무엇을 믿어야 할지 모르는 혼란 속에서 무책임하고 부정직한 발화를 줄이고 끊임없이 진실을 추구해야 합니다. 동시에 비판적인 시각으로 정보를 바라보고 논리적으로 판단하는 능력을 키워야 합니다.

또한 우리 시대는 점점 이기주의가 만연해지고 있어 모르는 사람들뿐 아니라 가족과 같은 친밀한 관계에서도 서로를 속이는 일이 발생하기도 합니다. 이는 물론 상대에게 해를 입히고 상대의 권리를 침해하는 행동입니다. 하지만 그런 부정직한 행동들이 과연 진정으로 자기 자신에게 이익이 되는 것인지도 깊이 생각해봐야 합니다. 서로 믿고 사랑하는 관계야말로 우리의 행복에 가장 큰 도움이 됩니다. 진정으로 '나'를 위한 것이 어떤 것인지 진지하게 생각해본다면 근시안적인 욕심으로 서로 믿고 사랑하는 관계를 파괴해버리는 행위들은 하지 않게 될 것입니다.

　결국 우리는 서로의 속지 않을 권리를 존중하는 자세를 통해 서로 믿고 함께 진실의 끈을 붙잡고 살아가는 사회를 만들어나가야 합니다. 정직은 시대나 문화와 상관없이 인간관계와 사회를 지탱하는 핵심 가치입니다. 정직은 단순히 도덕적인 문제가 아니라, 우리 삶의 모든 영역에 영향을 미치는 실질적인 문제이기도 하지요. 가짜 뉴스, 이기주의, 정보 과잉 속에서 정직은 우리 자신을 지키고 건강한 사회를 만드는 나침반과 같습니다. 정직한 사회는 구성원 간의 믿음을 바탕으로 번영하고, 지속 가능한 발전을 이룰 수 있습니다. 그렇기에 우리 모두 정직의 가치를 되새기며 더욱 정직한 사회를 만들어나가기 위해 노력해야 할 것입니다.

참고문헌

1장 겸손

- Bommarito, Nicolas. "Modesty and Humility". *The Stanford Encyclopedia of Philosophy* (Winter 2018 Edition). Edward N. Zalta (ed.). URL=〈https://plato.stanford.edu/archives/win2018/entries/modesty-humility/〉.
- Um, S. (2019). Modesty as an executive virtue. *American Philosophical Quarterly* 56(3). 303~317.

2장 감사

- Manela, Tony. "Gratitude". *The Stanford Encyclopedia of Philosophy*(Winter 2021 Edition). Edward N. Zalta (ed.). URL=〈https://plato.stanford.edu/archives/win2021/entries/gratitude/〉.
- Um, S. (2020). "Gratitude for being". *Australasian Journal of Philosophy* 98(2). 222~233.
- Wellman, C. H. (1999). "Gratitude as a virtue". *Pacific Philosophical Quarterly* 80(3). 284~300.

3장 효

- Ivanhoe, P. J. (2004). "Filial piety as a virtue". *In Filial piety in Chinese thought and History*. Routledge. 189~202.
- Keller, S. (2006). "Four theories of filial duty". *The Philosophical Quarterly* 56(223). 254~274.
- Um, S. (2021). "What is a relational virtue?". *Philosophical studies* 178(1), 95~111.

- Um, S. (2021). "Solving the Puzzle of Partiality". *JOURNAL of SOCIAL PHILOSOPHY* 52(3). 362~376.
- Um, S. (2024). "Duty, virtue, and filial love". *Philosophy* 99(1). 53~71.

4장 신뢰

- McLeod, Carolyn. "Trust". *The Stanford Encyclopedia of Philosophy* (Fall 2023 Edition). Edward N. Zalta & Uri Nodelman (eds.). URL=⟨https://plato.stanford.edu/archives/fall2023/entries/trust/⟩.
- 엄성우. (2024). "Trustfulness as a Risky Virtue".《인문논총》81(2). 315~344.

5장 정직

- Deweese-Boyd, Ian. "Self-Deception". *The Stanford Encyclopedia of Philosophy* (Fall 2023 Edition). Edward N. Zalta & Uri Nodelman (eds.). URL=⟨https://plato.stanford.edu/archives/fall2023/entries/self-deception/⟩.
- Frankfurt, Harry G. (2005). *On Bullshit*. Princeton University Press.
- Hicks, M. T., Humphries, J., & Slater, J. (2024). "ChatGPT is bullshit". *Ethics and Information Technology* 26(2). 1~10.
- Miller, C. B. (2021). *Honesty: The philosophy and psychology of a neglected virtue*. Oxford University Press.
- Um, S. (2024). "Honesty: Respect for the right not to be deceived". *Journal of Moral Education* 53(2). 292~306.
- Um, S. (2024). "Honesty in Human Subject Research". *Journal of Bioethical Inquiry*. 1~11.

어떻게 어른이 되는가

너와 나의 인간다움을 지키는 최소한의 삶의 덕목

1판 1쇄 인쇄 2025년 6월 18일
1판 1쇄 발행 2025년 6월 25일

지은이 엄성우
펴낸이 고병욱

기획편집1실장 윤현주 **책임편집** 김경수 **기획편집** 한희진
마케팅 황혜리 황예린 권묘정 이보슬 **디자인** 공희 백은주
제작 김기창 **관리** 주동은 **총무** 노재경 송민진 서대원

펴낸곳 청림출판(주)
등록 제2023-000081호

본사 04799 서울시 성동구 아차산로17길 49 1010호 청림출판(주)
제2사옥 10881 경기도 파주시 회동길 173 청림아트스페이스
전화 02-546-4341 **팩스** 02-546-8053

홈페이지 www.chungrim.com **이메일** cr2@chungrim.com
인스타그램 @chungrimbooks **블로그** blog.naver.com/chungrimpub
페이스북 www.facebook.com/chungrimpub

ⓒ 엄성우, 2025

ISBN 979-11-5540-254-2 03100